Hiller

Köstlich essen bei Zöliakie

Andrea Hiller

Köstlich essen bei Zöliakie

Über 140 Rezepte:
Gluten zuverlässig meiden

TRIAS

Schoko-Nuss-Hörnchen (Seite 85)

Galette (Seite 106)

Zöliakie, was ist das?

10 Gluten aus dem Weg gehen
11 Diagnose Zöliakie
11 Risiken einer fortgeschrittenen Zöliakie
12 Glutenfreie Ernährung

Richtig essen bei Zöliakie

14 Die Umstellung zu Hause
16 Glutenfreie Back- und Teigwaren
18 Antworten auf häufige Fragen
20 So schmeckt die Umstellung
25 Unterwegs essen
26 Ernährungs-Navi
28 Meine besonderen Lebensmittel

Rezepte – schmackhaft und lecker

34 Frühstücksideen
Mit gutem Frühstück in den Tag starten

42 Brot und Brötchen
Glutenfreie Brote, die garantiert gelingen

56 Kuchen
Raffinierte Kuchen zum Selberbacken

74 Teilchen, Gebäck, Süßes
Für alle, die gerne naschen

90 Basics
Glutenfreie Grundrezepte für jeden Tag

102 Hauptgerichte
Warmes für den Bauch, das prima schmeckt

116 Besonderes
Schöne Gerichte, auch für liebe Gäste

122 Kleine Gerichte
Zwischenmahlzeiten für den kleinen Appetit

130 Beilagen
Leckeres, das satt macht

136 Desserts und Süßspeisen
Nachspeisen und süße Schlemmereien

Erdbeerkuppeltorte (Seite 110)

Lava-Törtchen (Seite 143)

Liebe Leserinnen, liebe Leser!

Der Begriff »glutenfrei« ist heute für viele kein Fremdwort mehr. Immer häufiger wird in unseren Tagen Zöliakie oder eine andere Gluten-Unverträglichkeit festgestellt oder vermutet. Bis vor wenigen Jahren galt Zöliakie noch als seltene Kinderkrankheit. Mittlerweile weiß man, dass deutlich mehr Menschen unter einer Unverträglichkeit gegenüber dem heimischen Getreide leiden als bisher angenommen. Die Zöliakie kann sich in jedem Lebensalter erstmalig zeigen.

Nach der Diagnose gilt es, Essgewohnheiten zu überprüfen und – im Falle der bestätigten Zöliakie – von heute auf morgen eine strikte Nahrungsumstellung vorzunehmen, denn Mehl und herkömmlichen Getreideprodukten müssen Sie ab sofort konsequent aus dem Weg gehen. Doch was soll ich jetzt noch essen? Was ist überhaupt dieses Gluten? Worin ist es enthalten? Und wo ist es garantiert nicht zu finden? Auf alle diese Fragen gibt es eine Antwort in diesem Buch und darüber hinaus finden Sie viele köstliche Back- und Kochideen.

Vor mehr als 20 Jahren veröffentlichte ich als Selbst-Zöliakie-Betroffene meinen ersten Ratgeber zu diesem Thema. In der Zwischenzeit hat sich viel getan, unter anderem kamen zahlreiche schmackhafte glutenfreie Produkte auf den Markt. Dieses Buch gibt Ihnen die Möglichkeit, Ihre bisherige Küche auf glutenfrei umzustellen. Viele Rezepte habe ich ohne spezielle Mehlmischungen hergestellt, damit Sie mit ganz natürlichen Rohstoffen sofort glutenfrei starten können. Sie finden praktische Tipps im Umgang mit glutenfreien Rohstoffen und frischen, leckeren Lebensmitteln und auch zahlreiche Basics, die Ihnen mit der Zeit zur lieben Gewohnheit werden.

Adé Mehlpampe des letzten Jahrhunderts – willkommen frische, abwechslungsreiche, gesunde und glutenfreie Küche!

Ich wünsche Ihnen Mut, viel Spaß beim Kochen und Backen und natürlich einen guten Appetit.

Böbingen/Pfalz im Frühjahr 2016

Ihre
Andrea Hiller

Mein perfektes Dinner

Vorspeise
Crostini

Für 4 Portionen • 10 Min.

Olivenöl • 8 Scheiben Baguette (glutenfrei) • 1 Knoblauchzehe

- Das Öl in einer Pfanne erhitzen und die Baguettescheiben darin von beiden Seiten anrösten.

- Die Knoblauchzehe durchschneiden, mit der Schnittfläche die angerösteten Baguettescheiben einreiben.

Nährwerte pro Portion
243 kcal • 0,6 g E • 21 g F • 13 g KH

Hauptgang
Waldpilzrisotto

Für 4 Portionen • 15 Min. + 30 Min. Garzeit

400 g gemischte Waldpilze • 100 g Champignons • 1 kleine Zwiebel • 4 EL Olivenöl • 1 Tasse Risottoreis • evtl. etwas Weißwein • 2 Tassen Gemüsebrühe • Salz • Pfeffer, frisch gemahlen • 2 EL Parmesan • frische Petersilie

- Die Pilze putzen und ggf. waschen. Anschließend mit Küchenpapier trocknen. Zwiebel abziehen und klein schneiden. Zwiebelwürfel in heißem Öl glasig dünsten. Den Reis zugeben und ebenfalls etwas anschwitzen. Die vorbereiteten Pilze zugeben, kurz anschmoren und erst mit einem Schuss Weißwein und dann mit Gemüsebrühe ablöschen.

- Das Risotto unter häufigem Rühren bei kleiner Hitze bissfest garen und mit den Gewürzen pikant abschmecken. Kurz vor Ende der Garzeit 2 EL Parmesan unterziehen. Das Waldpilzrisotto mit Petersilie bestreut servieren.

Nährwerte pro Portion
252 kcal • 10 g E • 12 g F • 25 g KH

Nachspeise
Blitz-Eis

6–8 Portionen • ⏲ 10 Min.

500 g tiefgekühlte Früchte (Erdbeeren, Mango etc.) • Saft von ½ Zitrone (nach Geschmack) • 80 g Zucker • 2 EL Vanillezucker • 200 g Sahne

● Alle Zutaten in einen starken Mixer füllen und pürieren. Zum weiteren Aufbewahren sollte der Zucker mit 1 EL Guarkernmehl vermischt und das Eis dann in eine gefrierstabile Form gefüllt werden. Während des Gefrierens einige Male umrühren, um Kristallbildung zu vermeiden.

Nährwerte pro Portion
212 kcal • 2 g E • 11 g F • 24 g KH

Zöliakie, was ist das?

Zöliakie ist eine Erkrankung, die sich hauptsächlich im Dünndarm abspielt. Es besteht eine Unverträglichkeit gegenüber glutenhaltigen Getreidesorten, die ab dem erstmaligen Erscheinen der Erkrankung leider lebenslang bleibt. Die Zöliakie kann in jedem Alter auftreten – eine genetische Veranlagung spielt eine Rolle.

Durch das Getreideeiweiß Gluten (Klebereiweiß), das in Weizen, Dinkel, Roggen, Gerste und Hafer vorkommt, wird die Bildung von typischen Antikörpern im Blut der Betroffenen angeregt. Die Immunreaktion richtet sich gegen die Zellen der Dünndarmschleimhaut. Der normale Aufbau der Dünndarmschleimhaut wird angegriffen und letztlich zerstört. Die geschädigte Schleimhaut kann ihre Aufgabe, Nährstoffe aufzunehmen, nicht mehr erfüllen. Aufgrund der Entzündungen entstehen Verdauungsbeschwerden und mit der Zeit Mangelerscheinungen bei eigentlich vollständiger Ernährung.

Gluten aus dem Weg gehen

Allein durch das konsequente und dauerhafte Weglassen des schädigenden Getreideeiweißes wird die Krankheit gestoppt. Die Dünndarmschleimhaut kann sich selbst regenerieren, die Darmzotten wachsen nach und nehmen ihre eigentliche Funktion wieder auf. Doch bei jeder erneuten Zufuhr von Gluten wird die Schleimhaut wieder geschädigt, auch bei zuvor strikt eingehaltener Diät. Natürlich sollten bestehende Mangelerscheinungen ausgeglichen werden, wenn notwendig, auch mithilfe ärztlich verordneter Medikamente. Eventuelle zusätzliche Unverträglichkeiten wie z. B. gegen Milchzucker oder Fruchtzucker müssen bei der Ernährungszusammenstellung berücksichtigt werden, damit Sie schnell beschwerdefrei werden.

Krankheitszeichen

Die Symptome der Zöliakie sind sehr unterschiedlich in Art und Ausprägung. Als typisch gelten Müdigkeit, Blässe, tiefe Ringe unter den Augen, Leistungsschwäche, fettige Stühle, Durchfall, Blähungen bis hin zu aufgewölbtem »Schwangerschaftsbauch«, Bauchschmerzen, Völlegefühl, Appetitlosigkeit (bei Kleinkindern Essensverweigerung),

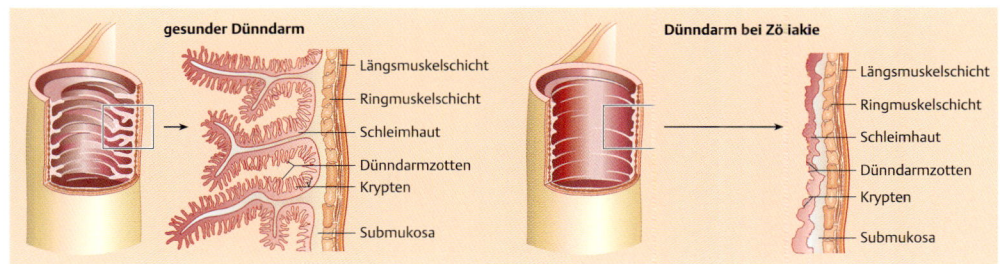

Bei der klassischen Zöliakie sind die Dünndarmzotten stark atrophiert (abgeflacht).

Gewichtsabnahme, trockene Haut, immer wiederkehrende offene, entzündete Stellen der Mundschleimhaut (Aphthen) und Zyklusunregelmäßigkeiten.

Jedoch gibt es auch eine Reihe von Krankheitszeichen, die weniger typisch und speziell sind und daher oft übersehen werden: Verstopfung, Knochenschmerzen, Migräne, Erbrechen, Nervosität, Konzentrationsstörungen und Reizbarkeit (schlechte Laune). Alle Symptome können auch isoliert auftreten. Die Zöliakie gilt daher als Chamäleon unter den Erkrankungen. Zöliakietypische Symptome treten allerdings nur unter glutenhaltiger Ernährung auf. Säuglinge mit Symptomen wie Eisenmangel, Fett im Stuhl oder Gedeihstörungen können diese erst dann aufgrund einer Zöliakie entwickeln, wenn sie bereits Gluten gegessen haben. Es gibt neben der Zöliakie weitere Krankheiten, die mithilfe der glutenfreien Diät behandelt oder wenigstens gebessert werden können. Dazu gehören die Hauterkrankung Dermatitis herpetiformis Duhring und natürlich die klassische Getreideallergie gegen die glutenhaltigen Getreidearten. Bei Autismus und Schizophrenie gab es Berichte von Einzelstudien, die eine Wirksamkeit nachgewiesen haben wollen.

Diagnose Zöliakie

Folgende Diagnoseschritte sind bei einer vermuteten Zöliakie vonnöten:
- Blutuntersuchung auf die zöliakietypischen Antikörper IgA-Transglutaminase, IgA-Gliadin, IgG-Gliadin. (Achtung: Einige Betroffene können keine IgA bilden, der Test ist dann nicht aussagekräftig.) Danach Untersuchung der Dünndarmschleimhaut mittels einer Biopsie zur Feststellung der Schädigungsstufe der Darmzotten (Marsh-Kriterien).
- Umstellung auf glutenfreie Ernährung – mit anschließender Kontrolle, ob sich der Zustand bessert.
- Eine jährliche Antikörperkontrolle und eine Laboruntersuchung werden jedem Betroffenen empfohlen. Eine weitere Biopsie ist nur notwendig, wenn Komplikationen oder Unklarheiten auftreten.

Wichtig: Stellen Sie erst dann Ihre Ernährung um, wenn die Diagnose zuverlässig von einem Arzt gestellt wurde. Neuerdings gibt es im Handel Testsets für den Nachweis von Transglutaminase-Antikörpern, die man zu Hause anwenden kann. Dazu wird ein Tropfen Blut aus der Fingerkuppe verwendet. Jedoch erspart auch der korrekt durchgeführte Test nicht den Arztbesuch zur sicheren Feststellung oder zum Ausschluss einer Zöliakie. Der Test ist zudem nicht billig.

Risiken einer fortgeschrittenen Zöliakie

Wird die Zöliakie spät erkannt oder halten sich die Betroffenen nicht an

die glutenfreie Ernährung, kommt es zum Teil zu schwerwiegenden gesundheitlichen Problemen:
- Schwächung bis hin zur Auszehrung
- Anfälligkeit für Infektionskrankheiten
- Osteoporose
- Umorientierung des Körpers auf eine andere Autoimmun-Erkrankung (z. B. der Schilddrüse)
- Risiko häufiger Fehlgeburten oder verminderte Fruchtbarkeit
- ein Stadium der Krankheit, die nicht mehr auf glutenfreie Ernährung anspricht (refraktäre Sprue oder Kollagensprue)
- Krebs (Lymphome) im gesamten Magen-Darm-Bereich
- Vitamin- und Mineralstoffmangel: insbesondere Eisen, Kalzium, Zink, Folsäure und fettlösliche Vitamine

Vitamin- und Mineralstoffmangel

Eisen ist zuständig für den Sauerstofftransport im Blut, es beeinflusst das Wachstum im Kindesalter. Hauptsächlich in rotem Fleisch und dunkelgrünem Gemüse, aber auch in vielen Körnern wie Hirse und Buchweizen enthalten. Kalzium wird für einen massiven Skelett- und Zahnaufbau benötigt. Hauptlieferanten sind Milch- und Milchprodukte, insbesondere Käse, aber auch einige Mineralwässer. Zink ist ein Spurenelement, das Entzündungen mildert.

Zink ist Bestandteil von Insulin. Ein Mangel macht sich auch durch eine hohe Infektanfälligkeit bemerkbar. Zink kommt hauptsächlich in Hülsenfrüchten, rotem Fleisch, Leber, Eigelb und Käse vor. B-Vitamine sind zuständig für Haut- und Schleimhäute.

Die fettlöslichen Vitamine A, D, E, K sind für zahlreiche Aufgaben im Körper lebensnotwendig. Sie kommen insbesondere in Lebensmitteln vor, die hochwertige pflanzliche Öle enthalten, aber auch in Nüssen und Meeresfrüchten. Ein Zöliakie-Betroffener leidet dann Mangel, wenn er mit dem Stuhlgang auch Fett ausscheidet. Ballaststoffe sind für einen regelmäßigen Stuhlgang zuständig. Ballaststoffe nehmen unerwünschte Bestandteile des Nahrungsbreis auf. Hauptsächlich finden sich Ballaststoffe in Obst, Gemüse, Nüssen und Vollkorngetreide. Zum Mangel kommt es, wenn Zöliakie-Betroffene überwiegend Stärkebrote essen und wenig rohes Obst und Gemüse.

Glutenfreie Ernährung

Gluten, auch Klebereiweiß genannt, ist ein Teil des Getreideeiweißes aus Weizen, Dinkel, Roggen, Gerste und Hafer und deren botanischen Verwandten. Dieses Eiweiß verleiht Getreide die guten Backeigenschaften: Es sorgt dafür, dass der Teig genug Feuchtigkeit speichert und elastisch wird, gut zusammenhält und beispielsweise beim Backen eine schöne Krume und Kruste bildet. Die Klebereiweiße der einzelnen Getreidearten unterscheiden sich im Detail voneinander und tragen eigene Namen: Gliadin (Weizen, Dinkel), Secalin (Roggen), Hordein (Gerste) und Avenin (Hafer). Auf Weizengliadin reagieren Zöliakie-Betroffene am stärksten.

Glutenfreie Ernährung – vollwertige Ernährung?

Für Menschen, die eine glutenfreie Ernährung einhalten müssen, gelten genau dieselben Ernährungsempfehlungen für eine vollwertige, ausgewogene Ernährung wie für jeden Gesunden. Eine gesunde, vernünftige Ernährung ist nicht allzu schwierig zu verwirklichen, erfordert jedoch bei den meisten eine Änderung ihrer jahrelangen Gewohnheiten. Hinweise zur vollwertigen gesunden Ernährung geben der Ernährungskreis oder die Ernährungspyramide. Die Richtlinien und die Darstellung kann jeder Interessierte in zahlreichen Broschüren, die teils kostenlos von den Krankenkassen angeboten werden, nachlesen. In der vollwertigen Ernährung wird natürlich belassenen Lebensmitteln immer der Vorzug gegeben. Fertigprodukte spielen nur eine untergeordnete Rolle. Das hat den Vorteil, dass man einen viel besseren Überblick hat, was wirklich gegessen wird, und die zahlreich verwendeten Zusatzstoffe meidet. Auch eine glutenfreie Ernährung, die nach diesen Richtlinien zusammengestellt ist, bietet alle Nährstoffe, die der Mensch braucht.

Gluten ist zwar technologisch wertvoll und für einige Backeigenschaften der herkömmlichen Getreidemehle unabdingbar, jedoch für die Ernährung des Menschen nahezu wertlos. Dieser Teil des Getreideeiweißes enthält kaum hochwertige Eiweißbausteine und man kann getrost darauf verzichten, ohne an Mangelerscheinungen zu leiden. Auch Nichtbetroffene brauchen kein Gluten, sofern sie sich sonst abwechslungsreich ernähren. Glutenfreies Kochen entspricht dem normalen Kochen. Es ist nicht notwendig, für den einzelnen Betroffenen innerhalb einer Familie ein Extramenü zu erstellen. Viele Bestandteile einer Mahlzeit können so verändert werden, dass auch der Rest der Familie glutenfrei mitessen kann – ohne dass es auf Kosten des Geschmacks geht und vielleicht insgesamt sogar gesünder als bisher.

Jetzt auch noch Laktose-Intoleranz?

Eine Laktose-Intoleranz, also eine Milchzucker-Unverträglichkeit, tritt häufig bei einer spät erkannten Zöliakie auf. Der Milchzucker benötigt ein spezielles Enzym zur Spaltung, das die entzündete Darmschleimhaut nicht in ausreichender Menge bilden kann. Der Milchzucker, die Laktose, kann nicht verdaut werden und gelangt in den Dickdarm, wo sich die dort ansässigen Bakterien seiner annehmen. Das verursacht zum Teil heftige Beschwerden, wie z. B. Blähungen, krampfartige Bauchschmerzen und Durchfall. Allerdings verursacht Milchzucker keine Schleimhautschäden. Meist wird der Milchzucker wieder vertragen, wenn sich die Darmschleimhaut regeneriert hat. Dazu ist jedoch eine langsame und schrittweise Gewöhnung an die Milch notwendig. Versuchen Sie, der Laktose in der Zeit unmittelbar nach der Diagnose aus dem Weg zu gehen.

> ### Problemkind Hafer
> Es gibt Studien, die Hafer bei Zöliakie als ungefährlich einstufen. Erstes Problem: Die Unschädlichkeit ist nicht vollständig erwiesen, da eine größere Zahl Teilnehmer aus den klinischen Studien ausgestiegen ist und im Ergebnis nicht mitgezählt wurden. Zweites Problem: Hafer und Haferflocken enthalten nahezu immer Anteile von Fremdgetreide, wie z. B. Dinkel. Der verunreinigte Hafer ist daher auf keinen Fall für die glutenfreie Ernährung geeignet. Die wachsende Anzahl als »glutenfrei« gekennzeichneter Haferprodukte enthält immer den ursprünglichen Aveningehalt (also Haferglutens), ist jedoch sicher nicht mit Weizengluten verunreinigt.

Dies geht leichter, als Sie womöglich denken:
- Gesäuerte Milchprodukte und Butter enthalten wenig Milchzucker und werden in der Regel gut vertragen.
- Gut gereifter Käse enthält keinen Milchzucker.
- Es gibt inzwischen viele laktosefreie Milchprodukte im Handel. Das Angebot reicht von Milch über Schlagsahne, Quark, Joghurt bis hin zu Milchmischgetränken, die Sie im Supermarkt, Reformhaus oder Bioladen kaufen können (z. B. von Minus-L).
- Außerdem eignen sich Produkte aus Soja für den Ersatz von Milch und Co. Hier gibt es inzwischen zahlreiche Produkte von aufschlagbarer Sojasahne bis hin zu Streich- und Gratinierkäse auf Sojabasis (z. B. von Alnatura).

Richtig essen bei Zöliakie

Diagnose klar? Zusätzliche Unverträglichkeiten ausgetestet? Dann kann es losgehen: Weihen Sie Familie und Freundeskreis umgehend in die neue Situation ein. Der Ernährungsplan muss konsequent und für jedes Familienmitglied nachvollziehbar umgestellt werden. Überprüfen Sie den Inhalt Ihrer Küchenschränke. Gibt es Produkte, die ab sofort für Ihre Ernährung wegfallen? Studieren Sie aufmerksam die Zutatenliste der eingelagerten Lebensmittel. Brauchen Sie ungeeignete Dinge für die nicht betroffenen Familienmitglieder auf oder verschenken Sie diese. Rechnen Sie damit, dass Ihr Einkauf künftig etwas mehr Zeit kostet. Sie müssen Zutatenlisten studieren und Alternativen für viele Dinge suchen, die zu Ihren Essgewohnheiten gehören. Suchen Sie einen schmackhaften Austausch für Ihr täglich Brot. Hier gibt es viele Möglichkeiten: spezielle fertige Sorten frisch beim Hersteller bestellen, haltbares Brot im Supermarkt, im Reformhaus oder Drogeriemarkt einkaufen oder selbst backen. Viele feine Rezepte (Seite 31) finden Sie in diesem Buch!

Die Umstellung zu Hause

Wenn Sie parallel glutenhaltig und glutenfrei kochen und backen wollen, sind Vorsichtsmaßnahmen wichtig, um Verunreinigungen mit glutenhaltigen Mehlresten zu vermeiden. Kneten Sie Teige auf einem extra Backbrett. Tauschen Sie Küchenutensilien aus porösen Materialien, wie z. B. Holz, gegen abwaschbare aus hitzestabilem Kunststoff aus. Verwenden Sie grundsätzlich Backpapier. Schaffen Sie einen 2. Toaster an – oder aber Sie verwenden grundsätzlich Toasttaschen aus Teflon oder Silikon für das Aufbacken Ihres Brotes. Waffeleisen müssen gut zu reinigen sein – am besten mit herausnehmbaren Backplatten. Auch Verunreinigungen in kleinsten Mengen können Ursache fortbestehender Symptome oder erhöhter Antikörperwerte sein.

Achten Sie auch auf folgende Gegebenheiten:
- Lagern Sie glutenfreie Backwaren nicht direkt neben glutenhaltigen (z. B. im selben Brotkasten).
- Schneiden Sie glutenfreie Brötchen nicht mit demselben Messer auf wie glutenhaltige.

- Falls kleine Kinder mit dem Messer in der Butter graben, sichern Sie sich ein eigenes Butterstück – Krümelalarm.
- Kontrollieren Sie achtsam, aber nicht panisch.

Liste glutenfreier Lebensmittel
Werden Sie Mitglied in der Deutschen Zöliakie-Gesellschaft (DZG). Es tut gut, andere kennenzulernen, die mit den gleichen Besonderheiten leben wie Sie. Die DZG bietet auch eine Vielzahl sehr guter Infomaterialien, eine gut strukturierte Homepage, Adresslisten von Ärzten, Hotels und Gaststätten und nicht zu vergessen die superhilfreiche Aufstellungen Tausender glutenfreier Lebensmittel (und Arzneimittel), die regelmäßig aktualisiert werden.

Die Mitgliederzeitschrift *DZG-aktuell* erscheint 4-mal im Jahr und mit themenbezogenen Telefonsprechstunden haben Sie immer einen heißen Draht zu neuen und wichtigen Informationen:
Deutsche Zöliakie-Gesellschaft e.V.
Kupferstr. 36
70565 Stuttgart
Tel. (0711) 45 99 81 0
www.dzg-online.de

Allergen-Kennzeichnungsverordnung
Nach der Allergen-Kennzeichnungsverordnung zugunsten allergiegefährdeter Menschen, die seit 2005 auf alle neuen Verpackungen gedruckt werden muss, sind glutenhaltige Bestandteile, sofern sie bewusst zugesetzt wurden, grundsätzlich zu kennzeichnen. Seit Dezember 2014 gilt die Verordnung zur Kennzeichnung von Allergenen auch für offen, also nicht verpackt angebotene Lebensmittel und Speisen aus Frischtheken und in Restaurants. Da bei solchen Produkten keine Zutatenliste vorgeschrieben ist, muss auf enthaltene Allergene auf einem Schild am Lebensmittel oder in der Speisekarte bzw. auf einer Extraliste mit dem Begriff »*enthält*« eindeutig auf rezepturmäßig enthaltene allergene Zutaten aufmerksam gemacht werden. Gluten zählt zu den 14 Haupt-Allergenen und die Quelle des Glutengehalts ist deutlich und namentlich zu kennzeichnen (z. B. enthält: Weizen).

Ausnahmen: Nach einer Ausnahmeregelung nicht kennzeichnungspflichtig sind Rohstoffe, die ursprünglich aus Weizen oder anderen glutenhaltigen Getreiden gewonnen wurden, aber nicht schädlich für Allergiker und Zöliakiepatienten sind: z. B. Maltodextrin und Glukosesirup oder Eiweiße aus Weizen, die so stark zerlegt wurden, dass das menschliche Immunsystem kein Gluten mehr erkennt (wie z. B. hydrolisiertes Weizeneiweiß).

Bei unbeabsichtigten Glutengehalten wird es kompliziert
Verunreinigungen (Kontaminationen) mit glutenhaltigen Rohstoffen können nicht immer ausgeschlossen werden, z. B. wenn auf denselben Anlagen auch Saucenpulver, Schokoladenartikel oder andere Dinge mit Gluten produziert werden. Daher finden Sie auf Verpackungen oft den Warnhinweis: »Achtung! Das Produkt kann Spuren von Weizen (Gluten) enthalten!«

Insgesamt ist die Kennzeichnung mit übergenau deklarierten Produkten, bei denen auch für uns unschädliche Maltodextrine und Glukosesirup mit Weizen aufgeführt sind, sehr verwirrend. Grundsätzlich kann jedes verarbeitete Lebensmittel Gluten enthalten. Die Umsetzung der Kennzeichnung offen verkaufter Lebensmittel wird noch lange nicht konsequent und auch nicht immer korrekt durchgeführt.

Der sicherste Weg wäre, die Ernährung für uns Zölis aus natürlichen Lebensmitteln zusammenzustellen. Das entspricht aber nicht immer dem heutigen Lebensstil. Jeder hat einmal etwas weniger Zeit, aber oft fehlt auch das Wissen, wie eine Sauce ohne »Fix«-Produkte würzig schmecken kann. Stöbern Sie dazu im Rezeptteil dieses Buches – sicher finden Sie hier Lösungen. Sollten Sie auf die kleinen Alltagshelfer Fertig- und Halbfertigprodukte nicht verzichten wollen, greifen Sie auf die immer größer werden Auswahl eindeutig als glutenfrei gekennzeichneter Produkte zurück, studieren Sie aufmerksam die jeweilige Zutatenliste oder verwenden Sie die »Aufstellung glutenfreier Lebensmittel« der Deutschen Zöliakie-Gesellschaft, die mittlerweile sehr umfangreich ist. Ihr persönlicher Grundsatz für die richtige Auswahl von Lebensmitteln beim Einkauf sollte lauten: im Zweifel nie!

Glutenfreie Back- und Teigwaren

Es gibt heutzutage eine Vielzahl von speziell hergestellten Mehlen, Back- und Teigwaren für die glutenfreie Ernährung. Diese speziell glutenfrei produzierten Produkte sind zwar mit vielen Auflagen und Kontrollen für die Hersteller verbunden, dürfen jedoch nicht mehr als »diätetische Lebensmittel« ausgelobt werden. Zahlreiche Hersteller bieten ein großes Sortiment über Reformhäuser, Supermärkte, Naturkostläden, das Internet und per Versand an. Das Sortiment ist riesig und reicht von Brot über Mehlmischungen, Kuchen, Keksen, Teigwaren, Pizzaböden bis hin zu glutenfreiem Bier. Geschmacklich variieren die Produkte sehr – es lohnt sich auf jeden Fall, nach und nach auszuprobieren, welches Ihren Geschmack trifft.

Das Glutenfrei-Logo: Zu erkennen sind die glutenfreien Spezialprodukte am Symbol der durchgestrichenen Weizenähre oder an der Aufschrift »glutenfrei«. Das Original Glutenfrei-Zeichen ist ein lizenziertes, eingetragenes Warenzeichen der DZG und darf nur mit entsprechender Lizenzvergabe durch diese benutzt werden. Durch den Aufwand, den die Hersteller solcher speziellen Diät-Produkte haben, kosten diese Brote und Mehle deutlich mehr als gewöhnliches Brot. Deshalb empfiehlt sich eine genaue Überlegung, welche der Spezialprodukte ständig notwendig sind oder ob es auch Alternativen gibt, z. B. selbst zu backen. Trotz allem erleichtert die große Auswahl an glutenfreien Spezialprodukten die Umsetzung der Diät und erhöht die Lebensqualität deutlich.

Mit dem Inkrafttreten der neuen Richtlinien und aktuellen EU-Vorschriften dürfen auch Lebensmittel »des allgemeinen Verzehrs«, also z. B. Tomatenketchup oder Fruchtjoghurt, mit dem Wort »glutenfrei« oder dem entsprechenden Symbol gekennzeichnet werden, wenn sie nachweisbar den gesetzlichen Vorschriften entsprechen und nicht mehr als 2 mg Gluten pro 100 g Lebensmittel enthalten.

Achtung – Kontaminationsgefahr

Bei Produkten, die für die glutenfreie Ernährung in herkömmlichen Bäckereien produziert werden, besteht die Gefahr der Verunreinigung mit Weizenmehl über
- Mehlstaub in der Luft,
- Mehlreste an Arbeitskleidung,
- Mehlreste an Arbeitsflächen und Backformen,

- nicht überprüfte Zutaten (Rosinen, Backpulver, etc.) und
- fehlende Endkontrolle (Gluten-Analyse).

Um wirklich ofenfrische Backwaren auf dem Tisch zu haben, bleibt daher oft nur die Möglichkeit, selbst zu backen. Spezielle glutenfreie Mehlmischungen gibt es reichlich. Diese unterscheiden sich in der Zusammensetzung, und wenn Sie solche Mischungen zum Backen verwenden, richten Sie sich bitte immer nach den Rezepturen der jeweiligen Firma. Für häufige Misserfolge sind die Mehlmischungen einfach zu teuer. In diesem Buch finden Sie darüber hinaus zahlreiche Rezepte mit Rohstoffen, die von Natur aus glutenfrei sind. Stöbern Sie auch in Ihrer eigenen Sammlung und in »althergebrachten Familienrezepten« nach Kuchen ohne Mehl und beachten Sie auch die aufgedruckten Rezepte auf den Verpackungen von Hirse, Buchweizen & Co. Aber auch in der eigenen Küche gilt: Kontamination vermeiden! Welche Rohstoffe Sie auch für Ihre eigene glutenfreie Bäckerei am liebsten verwenden: Achten Sie immer auf die Glutenfreiheit der jeweiligen Produkte. Lassen Sie niemals glutenfreie Ersatzgetreide im Reformhaus in herkömmlichen Getreidemühlen zerkleinern! Kontrollieren Sie, ob gekaufte ganze Körner mit anderen Getreidesorten vermischt sind.

Wer nicht fragt ...
Antworten auf häufige Fragen

Wie kann ich überprüfen, ob ich meine glutenfreie Ernährung ausreichend gut einhalte?

» Hierzu eignet sich am besten die regelmäßige – 1 × jährlich – Kontrolle der IgA-Transglutaminase-Antikörper im Blut, wenn dieser Wert auch bei Diagnosestellung bestimmt wurde und auffällig war. Sinkt der Wert kontinuierlich, kann man von einer sogenannten »guten Diätführung« ausgehen.

Kann ich meine bisherigen Rezepte weiterverwenden, wenn ich das Mehl gegen glutenfreie Mischungen austausche?

» Im Prinzip ja – wenn Sie beachten, dass die glutenfreien Mischungen häufig viel mehr Flüssigkeit benötigen als Weizenmehl. Bei Rührteigen z. B. 10 – 20 Prozent glutenfreie Mehlmischung weniger verwenden und mindestens 1 großes Ei mehr, dann gelingt das Gebäck meist wie gewohnt. Achten Sie auch auf die Zusammensetzung der jeweiligen Mischung. Manche enthalten bereits Backpulver, Zucker oder Salz.

Warum gelingen nicht alle Backwaren mit Mehlen unterschiedlicher Hersteller gleich?

» Jede Mehlmischung hat ihre ausgeklügelte Rezeptur, für welche der jeweilige Hersteller Rezepte entwickelt. Das große Geheimnis ist das richtige Verhältnis von Mehl zu Flüssigkeit. Arbeiten Sie zunächst mit den angegebenen Mehlen, damit Sie wissen, welche Konsistenz der Teig haben sollte. Dann können Sie die Flüssigkeits- oder Mehlzugabe variieren.

Wie streng muss ich wirklich sein – macht ein Diätfehler wirklich alles zunichte?

» Natürlich wird durch einen einmalig aufgetretenen Fehler in der glutenfreien Ernährung nicht der bisherige Erfolg zunichte gemacht. Oft werden kleine Fehler bereits auf dem Verdauungsweg der Speisen aufgefangen (Gluten ist ein Eiweiß, das auch verdaut bzw. gespalten wird). Eine einzelne Panne, z. B. im Kindergarten, wird vom Körper schnell repariert – die Darmschleimhaut ist eines der regenerationsfreudigsten Gewebe im Körper. Gefährlicher sind durch Nachlässigkeit oder Unwissenheit immer wieder auftretende Fehler, die letztlich das Immunsystem dauerhaft aktivieren und bei stetiger Wiederholung auch

Weitere Antworten finden Sie unter:
www.ak-dida.de
www.daab.de

zu sichtbaren Schleimhautschäden führen. Im Reagenzglas genügt bereits 0,125 g Weizenmehl, um eine Reaktion an der Schleimhaut auszulösen.

Muss ich nun einen großen Vorrat an Einzelzutaten einkaufen?

» Nein, nicht unbedingt. Die vorliegenden Backrezepte werden zum großen Teil mit einer Grundmehlmischung (Seite 100) aus Reismehl, Maismehl und Kartoffelmehl hergestellt – jeweils nach Notwendigkeit ergänzt um ein Verdickungsmittel oder auch andere geschmacklich interessante Mehle (Teff, Buchweizen). Jedoch funktioniert es auch, wenn Sie die Mehle, Stärke und Bindemittel gewichtsmäßig zusammenrechnen und gegen eine handelsübliche glutenfreie Mehlmischung Ihrer Wahl austauschen. Beachten Sie, dass die verschiedenen Mischungen unterschiedliche Quellvermögen haben und evtl. die Flüssigkeitsmenge korrigiert werden muss. Beim Kochen sollten Sie weitgehend auf Fertigprodukte verzichten. Glutenfreie Mehlmischungen, um Sauce zu binden, sind zu kostspielig.

»Kann Spuren von Gluten enthalten« – das ist doch nur eine Absicherung der Lebensmittelproduzenten, oder?

» Pauschal kann dieser Warnhinweis auf Allergene, obgleich er freiwillig erfolgt, nicht einfach abgetan werden. Meistens steckt hinter dieser Aussage ein gutes Allergen-Management. Firmen drucken den Warnhinweis möglichst nur dann auf ihre Produkte, wenn eine Kontamination auf dem Produktions- oder Verpackungsweg nicht 100 %ig ausgeschlossen werden kann. Meine Empfehlung: ein Produkt wählen, das keinen Warnhinweis trägt und, noch besser, glutenfrei gekennzeichnet ist.

Brauche ich tatsächlich alles neu in der Küche?

» Das kommt darauf an, wie konsequent Sie glutenhaltige Zutaten aus Ihrer Küche verbannen. Poröse Arbeitsmaterialien und alles, was sich nicht problemlos unter viel Wasser reinigen lässt, müssen ausgetauscht werden. Immer wiederkehrende Diätfehler durch Nachlässigkeit sind ärgerlich und vermeidbar.

Richtig backen und kochen:
So schmeckt die Umstellung

Sicher in den eigenen vier Wänden. Wenn Sie weiterhin auch normales Weizenmehl in der Küche verarbeiten möchten, ist die Trennung zu »glutenfrei« aufwendiger, als wenn Sie »normales Mehl« ganz aus Ihrem Haushalt verbannen. Natürlich müssen Sie nicht für die ganze Familie Spezialprodukte kaufen – ich selbst verwende für meine Familie normales Brot und herkömmliche Nudeln, aber Mehl und Backzutaten sowie sämtliche Rohstoffe zum Kochen und Backen sind bei mir zu Hause glutenfrei. Insbesondere in den eigenen vier Wänden sollten Sie sich sicher fühlen können.

Glutenfrei backen ist anders backen. Gluten verleiht den üblichen Brotgetreiden die guten Backeigenschaften. Damit Brot, Kuchen und Teilchen ebenso viel Feuchtigkeit speichern können, elastisch werden und gut zusammenhalten, müssen Sie vielen Teigsorten Binde- oder Verdickungsmittel zusetzen. Sie finden eine große Auswahl dieser Produkte in Reformhäusern, Bioläden und Apotheken. Es genügen bereits winzige Mengen zum Binden von viel Flüssigkeit und Stabilisieren des Teiggerüsts. (Gelatine und Agar-Agar eignen sich nicht als Bindemittel für Backwaren.)

Stärke: ohne Vitamine und Ballaststoffe. Stärken aus Reis, Mais, Kartoffeln oder Maniok (Tapioka) bilden oft die Grundlage für glutenfreie Backwaren. In der Industrie wird zum Teil auch glutenfreie Weizenstärke verarbeitet. Doch für die eigene Küche ist diese besonders »saubere« Stärke im normalen Lebensmittelhandel selten erhältlich. Herkömmliche Weizenstärke kann Restmengen an Gluten aufweisen.

Stärke enthält weder Vitamine noch Mineral- oder Ballaststoffe und sollte daher nicht der ausschließliche Mehlersatz für Zöliakiebetroffene sein. Da aber auch Weizenmehl einen großen Anteil an Stärke enthält und die glutenfreien Ersatzgetreide oft durch die kleine Korngröße einen geringeren, ist es sinnvoll, bei der Zusammenstellung glutenfreier Mischungen Stärke miteinzubauen.

Und: Glutenfrei backen klappt dann besonders gut, wenn noch ein Quell- bzw. Verdickungsmittel zugesetzt wird.

Zeit zum Quellen – Geduld beim glutenfreien Backen. Stärke und Verdickungsmittel binden nicht sofort die zum Teig verwendete Flüssigkeit. Das heißt, die meisten Teige sind zunächst feuchter und klebriger, als Sie es von glutenhaltigen gewohnt sind, und quellen dann nach. Wenn Sie den Teig ohnehin in Formen backen, ist die Konsistenz beim Einfüllen nicht so wichtig.

Wollen Sie den Teig jedoch formen (z. B. zu Brötchen), geben Sie den Zutaten bitte Zeit zum Nachquellen – mindestens 30 Minuten. Als Verarbeitungshilfe etwas glutenfreie Stärke, Reis-, Maismehl oder Grundmehlmischung (Seite 100) zum Ausformen bereithalten. Und es gilt: je weicher der Teig, desto lockerer das Ergebnis. Unkompliziert backen Sie die weichen Teige in Formen, Brötchen in Muffinförmchen oder geben Sie den weichen Brötchenteig mithilfe eines angefeuchteten Eiskugelportionierer auf das Backblech.

Im Backofen. In welcher Einschubhöhe soll das Gebäck in den Backofen? Grundsätzlich gilt: Backwaren, die hoch aufgehen sollen, wie z. B. Brote und hohe Kuchen, müssen unten im Backofen platziert werden. Je nach Zahl bedeutet das, 1. oder 2. Schiene von unten. Gebäcke, die lediglich garen sollen, wie z. B. Blechkuchen, Pizza und Brötchen, sollten Sie mittig einschieben – also die 2. oder 3. Schiene von unten. Zum Überbacken und Nachbräunen eignet sich die obere Einschubleiste, wenn der Abstand der Heizschlange zum Lebensmittel dann noch groß genug ist.

Verwenden Sie möglichst keine Umluft. Glutenfreie Backwaren verlieren ohnehin schneller ihre Feuchtigkeit. Besonders saftig wird das Brot, wenn es im gewässerten Römertopf gebacken wird. Darüber hinaus wird die Kruste im Umluftbackofen nicht gut knusprig. Die schönste Brotkruste erhalten Sie, wenn Sie den Backofen sehr heiß vorheizen (210 – 240 Grad Ober-/Unterhitze) und die Brote oder Brötchen vor dem Einschieben mit zerlassener Margarine, Sahne oder Eiermilch einstreichen. Wenige Minuten nach dem Einschieben die Temperatur zurückschalten. Merke: Brote lieber etwas heißer und kürzer backen.

Elastizität glutenfreier Teige. Ein glutenhaltiger Hefeteig ist elastisch und zieht sich beim Ausrollen gerne wieder zusammen. Glutenfreien Teigen fehlt diese Elastizität. Auch das fertige Gebäck ist oft fester in der Krume. Wollen Sie möglichst weiche, elastische Backwaren herstellen, ersetzen Sie diese Eigenschaft von Gluten durch Milch- oder Sojaeiweiß. Jeder glutenfreie Hefe- oder Brotteig profitiert, wenn anstelle von Wasser ein Sauermilchprodukt, Milch oder Sojamilch verwendet wird.

So gelingt glutenfreier Hefeteig. Hefeteige sind selbst für viele »Normal-Bäcker« eine Herausforderung. Wenn ein paar Grundregeln beachtet werden, gelingt auch Ihnen ein lockerer glutenfreier Hefeteig. Sie haben die Wahl: Für das volle Aroma wählen Sie frische Hefe – 21 g (= ½ handelsüblicher Hefewürfel) sind ausreichend für 500 g glutenfreies Mehl. Nur sehr schwere Teige mit hohem Fett- oder Vollkornanteil können etwas mehr Hefe vertragen. Rühren Sie frische Hefe mit 1 TL Zucker flüssig und lassen Sie diese einige Minuten stehen – bilden sich feine Gärbläschen, ist die Hefe aktiv und kann zum Mehlgemisch zugefügt oder mit der lauwarmen Flüssigkeit vermischt werden. Trockenhefe (7 – 10 g entsprechen ½ Würfel Hefe und sind für 500 g Mehl ausreichend) können Sie direkt mit dem Mehl vermischen.

Mehr Hefe macht den Teig nicht unbedingt lockerer – eher entwickelt sich ein starkes Gäraroma. Manchmal übergehen Teige mit zu großer Hefemenge, d. h., der Teig geht zunächst gut auf, sinkt aber dann während des Backens zusammen. Brot bildet eine Kuhle an der Oberfläche und im Extremfall richtige Klitschstreifen. Wollen Sie zuverlässig die Lockerung unterstützen, mischen Sie etwas Backpulver zum Hefeteig. Bäcker nennen das die »Zwietrieb-Methode«.

- Vermeiden Sie zu heiße Flüssigkeiten, Hefepilze sterben bereits bei 45 Grad ab und können dann nicht mehr gären und den Teig lockern. Am besten kurz mit der Hand nachfühlen, ob die Flüssigkeit auch wirklich handwarm oder lauwarm ist.
- Hefeteig geht umso schneller auf, je wärmer die Umgebung ist. Das beste Aroma und die schönste Porung entwickelt sich jedoch beim langsamen Aufgehen bei Zimmertemperatur – geben Sie dem Teig je nach Außentemperatur einfach etwas mehr Zeit.
- Ach ja – direkten Kontakt mit Salz oder flüssigem Fett mag die Hefe gar nicht – nehmen Sie Rücksicht.
- Wenn jetzt noch das Mehl-Flüssigkeits-Verhältnis stimmt, kann der Hefeteig nur noch gelingen!

Richtig glutenfrei kochen. Zum glutenfreien Kochen benötigen Sie nur selten die teuren Fertigmehle und Spezialprodukte. Bevor Sie einen Extratopf für den Zöli in Ihrer Familie aufstellen, überlegen Sie, ob es nicht auch anders geht. Denn glutenfreie Küche ist sehr oft ganz normale Küche. Bedienen Sie sich an Rezepten aus fremden Ländern – oft werden glutenfreie Rohstoffe, wie z. B. Mais, Hirse oder Kichererbsenmehl im Ausland alltäglich eingesetzt und haben uns im Urlaub immer gut geschmeckt. Glutenfreie Nudeln selfmade schmecken der Familie.

Glutenfrei panieren. Panaden funktionieren mit getrocknetem glutenfreiem Weißbrot genauso wie mit herkömmlichem Paniermehl. Schneller und röscher trocknet das Brot, wenn Sie es vorab toasten. Außerdem gibt es viele Sorten von glutenfreiem Paniermehl zu kaufen. Ich selbst paniere Fisch gerne mit purem Maismehl. Ein weiterer leckerer Ersatz für Paniermehl (Seite 101) sind zerstoßene glutenfreie Cornflakes nach Belieben gemischt mit Mandelblättchen, Kokosraspeln oder Maismehl bzw. -grieß mit Parmesankäse vermischt.

Glutenfrei Kloß-, Frikadellen- oder Bratlingsteig binden. Kartoffelpuffer, Kroketten oder Aufläufe lassen sich gut mit Kartoffelmehl und Ei binden. Und Kartoffelpuffer werden mit Hirseflocken richtig schön knusprig. Hackfleischteig für Frikadellen oder Hackbraten werden durch Zugabe von etwas Quark saftig. Hirseflocken ersetzen das eingeweichte, sonst übliche Brot, können aber auch ganz entfallen.

Saucen glutenfrei binden. Wandeln Sie Ihre eigenen Lieblingsrezepte glutenfrei ab – ohne großen Aufwand können Saucen mit Reismehl gebunden werden. Einfach den heißen Bratensaft mit gemahlenem Naturreis ohne vorheriges Anrühren andicken. Gulasch- oder Bratensauce wird durch das Mitschmoren von ausreichend Karotten und Zwiebeln braun und sämig. Ganz wichtig ist hier, dass das Fleisch ausreichend lange angebraten wird und das Gemüse unter wiederholter, geringer Wasserzugabe längere Zeit mitschmoren kann. So entwickelt sich ein sehr herzhafter Saucengeschmack – eine Bindung mit Mehl ist nicht mehr notwendig. Gemüse wird einfach in etwas Butter geschwenkt und fein abgeschmeckt, so kommt der echte Gemüsegeschmack erst richtig zur Geltung. Natürlich können Sie mit Kartoffelmehl auch eine echte Mehlschwitze zubereiten.

Glutenfrei würzen. Verwenden Sie ausschließlich reine Gewürze, keine Mischungen. Bei Brühwürfeln oder Brühextrakten sollten Sie genau die Zutatenliste studieren oder auf Glutenfrei-Kennzeichnung achten. Erweitern Sie die Auswahl in Ihrem Gewürzregal. Frische Kräuter liefern neben viel Geschmack auch reichlich Vitamine und Mineralstoffe und werten jedes Rezept auf.

Wählen Sie einfach die glutenfreie Rohstoff-Alternative. Reisflocken gibt es kernig aus Vollkornreis oder als Grundlage für die Baby-Ernährung in Instantform. Reisflocken sind sehr vielseitig. Kochen Sie damit Reisbrei, arbeiten Sie die Flocken in Brotteige ein oder wählen Sie die knackigen Sorten als Müsligrundlage. Reiskleie und Reisgrieß erhalten Sie z. B. im Reformhaus, Reisstärke in Asia-Läden. Weizengrieß lässt sich ohne geschmackliche Einbuße durch Maisgrieß ersetzen. Es gibt auch Hirse- oder Reisgrieß zu kaufen, die lecker schmecken. Grießklöße, Grießpudding, Grießschnitten oder gebrannte Grießsuppe sind damit ebenso schmackhaft wie bisher.

Glutenfreie Nudeln kochen. Es gibt zahlreiche Sorten glutenfreier Nudeln mit unterschiedlichen Rezepturen, aber meist verändertem Kochverhalten. Dem Teig fehlt die Elastizität, die vom Gluten rührt.
- Achtung: Häufig haben glutenfreie Nudeln eine viel kürzere Garzeit.
- Kochen Sie glutenfreie Nudeln immer in viel siedendem Wasser.
- Bevor die Nudeln ins Kochwasser kommen, Wasser einmal aufkochen und dann salzen.
- Nudeln immer ohne Deckel kochen.
- Die Nudeln nur »al dente«, d.h. bissfest garen – am besten bleiben Sie beim Topf stehen.
- Abseihen und mit kaltem Wasser abspülen, um Stärkereste zu entfernen und ein Weitergaren zu vermeiden.

Arbeitserleichterung für die Herstellung von Nudeln und Co. In gut sortierten Haushaltswarenläden gibt es Teigtaschenformer in verschiedenen Größen. Hier wird der ausgerollte Nudelteig ausgestochen, etwas Füllung daraufgegeben, zusammengeklappt und dabei fest verschlossen. Es ist nicht mehr notwendig, die Ränder einzustreichen oder zusammenzudrücken. Für Maultaschen-, Piroggen- oder Ravioli-Fans sind die Teigtaschenformer praktisch und preiswert.

Ideen für Suppenkasper – klare Suppen verfeinern.
- Glutenfreie Suppennudeln separat al dente abkochen und zuletzt zur Suppe hinzufügen.
- Zarte feine Gemüsestreifen (Julienne) hinzufügen.
- Brotreste, die nicht mehr ganz frisch sind, eignen sich zur Herstellung von Croûtons. Diese können in einer Dose einige Tage aufbewahrt werden. Zur Suppe schmecken besonders gut Weißbrot-Croûtons. Würfeln Sie 50 g glutenfreies Weißbrot und rösten Sie es in 1 TL Butter von allen Seiten an. Fügen Sie etwas Knoblauchsalz oder Sesamsamen hinzu. Die Croûtons in die Suppe oder über Salate streuen und sofort servieren.
- Flädle (Streifen von Eierpfannkuchen, Seite 144)
- Backerbsen = kleine gebackene Tupfen von Brandteig (Seite 80)
- Eine Scheibe altbackenes glutenfreies Brot auf die mit Suppe gefüllte Tasse legen, mit Käse bestreuen und im Backofen überbacken.

Mein Tag am Meer:
Unterwegs essen

Snacks zwischendurch

Für die Anfahrt zu einem Ausflugsziel oder den Ausnahmehunger unterwegs sollten Sie immer einen glutenfreien Snack dabeihaben, z. B. einen glutenfreien Riegel oder eine glutenfreie Waffelschnitte. Reiswaffeln gibt es beinahe in jedem Lebensmittelgeschäft, oft sind es als glutenfrei gekennzeichnete Produkte.

Natürlich sind auch ein Stück frisches Obst oder vorbereitete Gemüsestücke ein guter Snack. Zu Obst und Reiswaffeln aus dem Spontaneinkauf passen gut frische Käsewürfel von der Käsetheke. Nussmischungen sind eine wertvolle, von Natur aus glutenfreie Ergänzung, die Sie zwischendurch erwerben können oder von zu Hause mitbringen. Eine haltbare, glutenfreie Brotportion sollten Sie grundsätzlich mitnehmen (»Handtaschenbrot«). Bitte vergessen Sie nicht, in regelmäßigen Abständen zu kontrollieren, ob das Reservebrot auch noch innerhalb des Mindesthaltbarkeitsdatums liegt.

Der perfekte Picknickkorb

Für die Mittagspause oder den Ausflug eignen sich glutenfreie selbst zubereitete Salate oder auch selbst hergestellte Wraps (Seite 129), die man vielfältig füllen kann. In Frischhaltefolie gewickelt bleiben sie über Stunden schön saftig. Auch kalte Bratlinge passen super: Hirsepuffer (Seite 110), Amaranthbratlinge (Seite 112), Tofubratlinge (Seite 112), Buchweizenfrikadellen (Seite 110) oder Hirsebratlinge (Seite 110). Zusammen mit Kartoffelsalat oder Tzatziki (Seite 125) bzw. in einem glutenfreies Brötchen mit Tomaten und Salat belegt kann man sie auf vielfältige Art und Weise genießen. Stöbern Sie im Buch auch nach anderen herzhaften Snacks, die sich in einer gut schließenden Lunchbox mitnehmen lassen.

Prima mitzunehmen als Ergänzung eines Salats oder zum Knabbern zwischendurch eignen sich auch kleine Brot-Croûtons.

Im Restaurant

In Restaurants empfehle ich, trotz der mittlerweile vorgeschriebenen Kennzeichnung der Allergene in Speisekarten der Gastronomie, den Koch um Auskunft zu bitten. Nach kurzer Rücksprache sind viele Küchenchefs bereit, die gewünschten Zutaten zu einem glutenfreien Gericht zusammenzusetzen. Hilfreich zum Gesprächseinstieg sind auch kurze schriftliche Zusammenfassungen der wichtigsten verbotenen Grundzutaten (z. B. »Eine Bitte an den Koch« im Scheckkarten-Format von der DZG). Solche schriftlichen Erläuterungen gibt es, z. B. bei Mehrfachallergien, auch vom Deutschen Allergie- und Asthmabund (DAAB e. V.) in vielen verschiedenen Sprachen auch für Auslandsreisen.

Ernährungs-Navi: Hier geht's lang

Geeignete und weniger geeignete Lebensmittel

Lebensmittelgruppe	Glutenfrei	Könnte Gluten enthalten
frische, unverarbeitete Lebensmittel: Obst, Gemüse, Kartoffeln, Fleisch, Fisch, Eier	stellen die Basis für eine glutenfreie Ernährung dar und sind von Natur aus völlig ohne Gluten – Sie können ohne Bedenken und Nachlesen nach Herzenslust zugreifen	
weitgehend naturbelassene Lebensmittel: Tiefkühlobst und -gemüse, Öl, Butter, Naturmilchprodukte und Käse, Salz, Zucker, einzelne Gewürze, frische und getrocknete Kräuter	bei von Natur aus glutenfreien Rohstoffen ohne würzende Zutaten sind diese Lebensmittel meist unbedenklich verwendbar	besser die Zutatenliste prüfen – sieht der Hersteller das Risiko eine Verunreinigung mit Gluten z. B. bei der Abfüllung, kann er darauf hinweisen: »Kann Spuren von … enthalten«
Glutenfreie Ersatzgetreide: z. B. Reis, Mais, Hirse, Buchweizen, Quinoa, Amaranth, Teff sowie Ölsaaten und Nüsse	geringes Risiko beim ganzen, unvermahlenen Korn und Nüssen, Fremdbesatz kann leicht erkannt und aussortiert werden	bei vermahlenen Produkten, Grieß oder Flocken bitte auf den Hinweis möglicher Verunreinigung (Spurenkontamination) achten
Hafer und Hafer-Produkte	Immer häufiger gibt es glutenfrei deklarierte Haferprodukte zu kaufen. Diese enthalten nachweislich kein Gluten aus Weizen, Roggen oder Gerste – das Hafer-Prolamin Avenin ist in der ursprünglichen Menge vorhanden. Seit März 2016 lizensiert auch die Deutsche Zöliakie-Gesellschaft mit einem speziellen Glutenfrei-Symbol mit Zusatz des Wortes »oats« kontaminationsfreien Hafer.	Herkömmliche Haferprodukte sind nahezu immer mit anderen Getreidearten kontaminiert. Achtung: Hafer-Gluten (Avenin) wird von Zöliakiebetroffenen unterschiedlich toleriert. Die DZG rät, die individuelle Verträglichkeit mit Hilfe regelmäßiger Überprüfung der IgA-Transglutaminase-Antikörper zu testen (gf-Hafer unter ärztlicher Kontrolle).

Geeignete und weniger geeignete Lebensmittel

Lebensmittelgruppe	Glutenfrei	Könnte Gluten enthalten
Fertig- und Halbfertigprodukte: auch Wurst, Süßwaren, Ketchup, Gewürzmischungen, Zubereitungen aller Art		Zutatenliste beachten! Zugesetzte glutenhaltige Zutaten müssen grundsätzlich eindeutig gekennzeichnet werden. Die Kennzeichnung möglicher Spuren ist freiwillig. Gluten enthalten bei folgenden Zutaten: Weizen, Roggen, Gerste, Hafer, Dinkel, Grünkern, Kamut, Khorasan-Weizen, Seitan, Surimi, Gerstenmalz, Graupen, Couscous, Bulgur, Weizengrieß, Paniermehl
Unverpackt angebotene Lebensmittel: z. B. Eis, Imbiss-Artikel, Metzgerei- und Feinkostware, Bäckereiartikel an Frischetheken, Menüs in Kantinen, Gaststätten usw.		Seit Dezember 2014 gilt die Kennzeichnungspflicht der Haupt-Allergene, zu denen auch glutenhaltige Zutaten gehören – auch für unverpackte Ware ohne Zutatenliste. Die Umsetzung erfolgt jedoch sehr zeitverzögert – manche Auskünfte werden erst bei gezielter Nachfrage erteilt.*

* Konsequent nachfragen und sich eine mündliche Auskunft durch schriftliche Aufzeichnung bestätigen lassen. Es wird noch lange dauern, bis die Kennzeichnung den gleichen Stellenwert erreicht wie bei verpackten Lebensmitteln. Niemals darauf vertrauen, dass die Zubereitung »wie zu Hause« erfolgt oder dass man einer Speise enthaltenes Gluten/Mehl ansehen könnte!

Leckerbissen: Meine besonderen Lebensmittel

Glutenfreie Ersatzgetreide

Was ist das?
Hirse, Quinoa, Amaranth, Teff und Buchweizen, sowohl als ganze Körner als auch zu Mehl oder Grieß verarbeitet. Reis- und Maismehl sind oft Bestandteile glutenfreier Mehlmischungen.

Was muss ich beachten?
Die große Auswahl an Gras- und Rispenpflanzen bietet zahlreiche Variationen zur Herstellung glutenfreier Backwaren. Wird das ganze Korn vermahlen, sind besonders viele Mineral- und Ballaststoffe enthalten. (Achtung: Kontaminationsgefahr durch Verarbeitung – daher besser auf glutenfrei gekennzeichnete Produkte zurückgreifen.)

Sojamehl

Warum Sojamehl verwenden?
Backwaren mit einem geringen Anteil an Sojamehl oder anderen vermahlenen Hülsenfrüchten (wie z. B. Linsen oder Bohnen) haben oft eine weiche Konsistenz und halten länger frisch.

Was muss ich beachten?
Sojamehl hat einen hohen Eiweiß- und Fettgehalt. Außerdem enthält Soja von Natur aus den Emulgator Lecithin. Entfettetes Sojamehl lässt sich länger lagern als die vollfette Variante. Da inzwischen immer mehr Menschen allergisch auf Soja reagieren, setzt die Industrie häufiger andere Hülsenfruchtmehle wie Lupinenmehl oder isolierte Pflanzeneiweiße ein.

Glutenfreie Stärkeprodukte

Was ist das?
Kartoffelstärke (Kartoffelmehl), Reisstärke, Tapiokastärke (Cassava), Maisstärke u. a. sind wichtige Grundlagen in Kombination mit glutenfreien Mehlen und Verdickungsmittel zum Backen.

Wie setze ich sie ein?
Speisestärken machen oft den Hauptgewichtsanteil in glutenfreien Mehlmischungen aus. Eine besonders positive Wirkung auf die Frischhaltung glutenfreier Gebäcke haben vorgekochte Stärken wie z. B. die Zugabe von gekochten Kartoffeln oder Reis zu Brotteigen. (Die Industrie arbeitet hier mit »modifizierten Stärken«.)

Meine besonderen Lebensmittel

Esskastanien, Erdmandeln, Bananenmehl, Maniok

Warum brauche ich das?
Diese Zutaten bringen interessante Geschmacksvarianten in die glutenfreie Küche. Sie bereichern den Speiseplan und werten Selbstgebackenes auf.

Welche Produkte gibt es?
Maronen sind als Mehl oder geschält und gegart erhältlich. Bananenmehl, das Fruchtfleisch von Kochbananen, zeichnet sich durch einen niedrigen Zucker-, aber hohem Stärkeanteil aus. Erdmandelpflanzen bilden an den Wurzeln kleine Knollen, die roh oder geröstet wie Nüsse oder Mandeln eingesetzt werden. Maniokmehl wird aus den stärkereichen Wurzeln der Maniokpflanze gewonnen, ein weiteres Produkt daraus ist Tapiokastärke. Maniokknollen sind roh giftig, können aber genauso vielseitig verwendet werden, wie hierzulande die Kartoffel.

Glutenfreie Quell- und Verdickungsmittel

Was ist das?
Guar- oder Johannisbrotkernmehl (E 412 bzw. E 410) sind Kerne tropischer Schotenfrüchte und die bekanntesten Quellmittel in der glutenfreien Ernährung. Guarkernmehl bindet bereits kalte Flüssigkeit, Johannisbrotkernmehl entfaltet seine volle Wirkung erst nach der Erhitzung. Xanthan (E 415) wird durch bakteriellen Zuckerabbau produziert und als Alternative zu Guar eingesetzt. Psyllium (Flohsamen) punktet mit hervorragender Wasserbindung (1 g binden 40 ml Wasser) und ist Gelbildner. Der Zusatz von wenig fein gemahlenem Psyllium verbessert die Teigkonsistenz.

Warum setze ich das ein?
Die Quell- und Verdickungsmittel dienen als Glutenersatz: Die Gebäcke brechen und krümeln nicht so leicht und bleiben länger frisch.

Kerne, Schalen, Rohfasern

Was ist das?
Die Pflanzen- und Fruchtfasern aus Äpfeln, Kartoffeln, Zitrusfrüchten, Traubenkernen und Weizen dienen hauptsächlich der Flüssigkeitsbindung und Frischhaltung glutenfreier Backwaren. Sie sind Ballaststoff und teils natürlicher Farbgeber (Apfelfaser ist tiefbraun) bzw. geschmacksgebender Bestandteil.

Was muss ich beachten?
Über das Internet lassen sich viele der genannten Rohstoffe auch für den Privatgebrauch bestellen. Verwenden Sie grundsätzlich nur glutenfrei gekennzeichnete Produkte bzw. solche ohne Warnung auf mögliche Kontamination mit Gluten. Seien Sie bei Rohstoffen, die Ihnen unbekannt sind, zunächst eher zurückhaltend in der Menge. Zu viele Quell- und Verdickungsmittel machen Gebäcke gummiartig und schwer verdaulich.

Rezepte –
schmackhaft und lecker

Einkaufsliste (für 2 Personen)

Mehl und Co.
- 25 g Baby-Reisflocken
- 25 g gepuffter Amaranth
- 130 g Hirseflocken
- 100 g Hirse (ganz)
- 50 g Kartoffelmehl
- 1200 g Grundmehlmischung (Seite 100)
- 90 g Soja- oder Kichererbsenmehl
- 60 g Buchweizenmehl
- 100 g glutenfreier Trockensauerteig (z. B. von Hammermühle)
- 20 g Guarkernmehl (Nestargel oder Bindobin)
- 28 g Trockenhefe
- 4 EL Buchweizengrütze
- 75 g Quinoa

Milchprodukte, Eier
- 1200 ml Milch
- 300 g Magerquark
- 400 ml Buttermilch
- 130 g Sahne
- 250 g griechischer Joghurt
- 30 g geriebener Käse
- 20 g Butter
- 100 g Feta
- 50 g Frischkäse
- 4 Eier

Obst, Gemüse
- 250 g Blaubeeren
- 2 kleine Äpfel
- 1 Zitrone
- 1 Limette
- 1 rote Paprikaschote
- 5 Karotten
- 1 kleine Zucchini
- 400 g Kartoffeln
- 200 g gemischtes Gemüse
- 550 g Zwiebeln
- 5 Knoblauchzehen
- ½ Stange Lauch
- 1 Hokkaido-Kürbis
- 1 Gurke
- 1 Tomate
- je ½ Bund Rosmarin und Thymian
- ½ Bund Schnittlauch
- 2 getrocknete Tomaten

Fleisch, Aufschnitt
- 300 g Gulasch (Rind, Schwein, Lamm)
- 300 g Hühnerbrust
- 400 g Lammlachse
- 4 Scheiben Bacon
- 50 g geräucherte Putenbrust

Backzutaten
- Kakaopulver
- 2 EL Zuckerrübensirup
- Honig
- Puderzucker
- Rohrzucker
- 4 EL Kürbiskerne
- 25 g Haselnüsse
- 25 g Schokoblättchen

Sonstiges
- 2 l Gemüsebrühe
- 1 Dose Thunfisch
- 250 ml Kokosmilch
- 100 ml Sprudelwasser
- Hefeflocken
- 1 TL Sesam
- 1 EL Tomatenmark
- Erdnussöl
- Paprikapulver
- Kräuter der Provence
- Chilipulver

In 7 Tagen zur neuen Ernährung

Nehmen Sie die Herausforderung an, Ihre Ernährung auf glutenfrei umzustellen – links finden Sie die Einkaufsliste für Ihre ersten 7 glutenfreien Tage! Sie werden schnell merken, dass es gar nicht so schwer ist, Gluten beim Backen und Kochen vollständig aus dem Weg zu gehen. Alle Rezepte sind mit Nährwertangaben pro Portion bzw. pro Stück versehen. Rezepte ohne Milchzucker sind darüber hinaus als »laktosefrei« gekennzeichnet. Auch solche, die Butter enthalten, da der Milchzuckeranteil in Butter weit unter 1 g pro 100 g liegt und in der Regel gut verträglich ist. Natürlich können Sie Butter durch Margarine ersetzen.

Tag 1

Frühstück. Hirse-Porridge (Seite 35)

Mittagessen. Paprikagulasch (Seite 108)

Abendessen. Vesper mit Sauerteig-Mischbrot (Seite 50)

Frühstück. Sauerteig-Mischbrot (Seite 50) mit Quark und Honig

Mittagessen. Hirsebratlinge (Seite 110) mit Tomate und Käse

Abendessen. Gemüsecremesuppe (Seite 128)

Frühstück. Quarkbrot (Seite 48) mit Butter und Marmelade

Mittagessen. Kürbiscremesuppe (Seite 114)

Abendessen. Tzatziki (Seite 125) mit Pellkartoffeln

Frühstück. Quarkbrot (Seite 48) mit Butter und Marmelade

Mittagessen. Quinoapfanne (Seite 104)

Abendessen. Schweizer Rösti (Seite 132)

Frühstück. Schokomüsli (Seite 36)

Mittagessen. Marinierte Hühnerspieße (Seite 98)

Abendessen. Bagels (Seite 44) mit Lachs

Frühstück. Schokomüsli (Seite 36)

Mittagessen. Kartoffelsuppe (Seite 114)

Abendessen. Lamm in der Kräuter-Brotkruste (Seite 120)

Frühstück. Blaubeersmoothie (Seite 40)

Mittagessen. Schafskäse-Zucchini-Spieße (Seite 38)

Abendessen. Wraps (Seite 129)

Frühstücksideen

In England beliebt
Hirse-Porridge

Für 1 Person • gelingt leicht
⏱ 5 Min. + 15 Min. Gar- und Quellzeit

250 ml Milch • 30 g Hirseflocken • 1 Ei (Gr. M) • 1 kleiner Apfel • Zucker oder Honig und Zimt nach Geschmack

● Die Milch in einem kleinen Topf zum Kochen bringen. Die Hirseflocken einrühren und aufkochen lassen. Das Ei einrühren. Ohne weitere Wärmezufuhr einige Min. quellen lassen, dabei ab und zu umrühren.

● Den Apfel abspülen, vom Kerngehäuse befreien und nach Belieben mit oder ohne Schale fein reiben und unter das Porridge heben. Nach Belieben süßen, evtl. noch mit etwas Zimt abschmecken und warm servieren.

Laktose-Tipp Mit laktosefreier Milch oder Sojadrink ist das Porridge auch bei Laktose-Intoleranz geeignet.

Tipp Das Porridge ersetzt ein komplettes Frühstück und schmeckt auch besonders gut mit frischen Beeren.

Nährwerte pro Portion
492 kcal • 19 g E • 17 g F • 64 g KH

Unschlagbar lecker
Müsli mit frischen Früchten

Für 1 Person • gelingt leicht
⏱ 5 Min.

½ vollreife Mango • 100 g frische, gemischte Beeren der Saison • 150 g Vanillejoghurt (glutenfrei) • 2 EL Hirseflocken

● Die Mango am Kern entlang halbieren, das Fruchtfleisch der Hälfte ohne Stein rautenförmig einschneiden, die Schale nach innen drücken und das Fruchtfleisch so herauslösen.

● Beeren auftauen bzw. verlesen und hinzugeben. Den Vanillejoghurt und die Hirseflocken locker untermischen und das Müsli sofort genießen.

Nährwerte pro Portion
347 kcal • 8 g E • 6 g F • 64 g KH

Frühstücksideen : Müsli

Für den Vorrat
Basismüsli

Für 10 Personen • geht schnell
⊙ 5 Min.

100 g Hirseflocken • 100 g Naturreis-Flocken • 60 g Buchweizen (grob geschrotet) • 4 EL Erdmandel-Flocken (Chufas) • 50 g glutenfreie Cornflakes • 4 EL Mandelblättchen • 60 g getrocknete Aprikosen • 3 EL Rosinen oder getrocknete Cranberries

● Flocken und Buchweizen in einem großen Gefäß mischen. Die Cornflakes mit den Händen leicht zerdrücken. Mandelblättchen ohne Fett leicht anrösten. Aprikosen und Rosinen fein hacken.

● Alle Zutaten gut vermischen und in einer fest verschließbaren Dose aufbewahren. Vor Gebrauch die Mischung aufschütteln. Pro Portion etwa 50 g der Trockenmischung mit Früchten der Saison vermischen.

Variante Sie können auch andere Trockenfrüchte oder glutenfreie Flocken und Saaten verwenden. Hier entscheidet allein Ihr Geschmack.

Nährwerte pro Portion
144 kcal • 4 g E • 1 g F • 30 g KH

Besonders beliebt bei Kindern
Schokomüsli

Für 10 Personen • gelingt leicht
⊙ 5 Min.

1 TL Kakao • 2 TL Puderzucker • 100 g Hirseflocken • 50 g Baby-Reisflocken • 50 g gepuffter Amaranth • 50 g Haselnüsse (gehackt und angeröstet) • 50 g Schokoblättchen oder -tröpfchen (glutenfrei) • frische Milch • 1 Banane

● Kakao und Puderzucker zusammen sieben und die Flocken damit vermischen. Amaranth, Nüsse und Schokolade gleichmäßig mit den Flocken vermengen.

● Jeweils 30 g der Mischung mit frischer Milch und in Scheiben geschnittener Banane vermischen.

Tipp Das kinderfreundliche Müsli enthält keine Rosinen und färbt die Milch schön schokoladig.

Nährwerte pro Portion
135 kcal • 3 g E • 6 g F • 18 g KH

Typisch amerikanisch
Pancakes

Für 2–3 Personen • gelingt leicht
⊙ 10 Min. + 15 Min. Backzeit

90 g Grundmehlmischung (Seite 100) • 10 g Kastanienmehl • 1 TL Backpulver (glutenfrei) • 1 Ei • 2 EL Zucker • 1 Pr. Salz • 50 g Joghurt • 50 ml Milch • etwas Öl zum Ausbacken • Ahornsirup

● Mehlmischung mit Kastanienmehl und Backpulver vermischen. Ei, Zucker, Salz, Joghurt und Milch schaumig verquirlen. Das Mehlgemisch einrühren.

● Wenig Öl in einer beschichteten Pfanne erhitzen und je 3 kleine Pancakes pro Pfannenfüllung backen. Die Pancakes erst wenden, wenn auf der Oberfläche kleine Blasen zu sehen sind. Die Pancakes mit Ahornsirup beträufeln und servieren.

Nährwerte pro Portion (3–4 Stück)
282 kcal • 5 g E • 9 g F • 45 g KH

Wärmt und macht glücklich
Heiße Schokolade

1 großer Becher • gelingt leicht
⊘ 10 Min.

125 g Sahne • 125 ml Milch • 100 g Zartbitter-Schokolade • Zimt, Kardamom, Chili-Flocken, Ingwer oder Muskatnuss nach Geschmack

● Sahne und Milch in einen Topf füllen und erhitzen. Die Schokolade in Stücke brechen und langsam darin schmelzen lassen – nicht aufkochen.

● Die heiße Schokolade nach Belieben mit Kardamom, Chili, Ingwer oder frisch geriebener Muskatnuss würzen oder pur mit einer Sahnehaube genießen.

Nährwerte pro Portion
932 kcal • 13 g E • 68 g F • 62 g KH

Kinderleicht
Selbst gemachter Joghurt

Für 6–8 Personen • braucht etwas mehr Zeit
⏱ 10 Min. + 12 Std. Ruhezeit

1 l frische Vollmilch • 150 g Joghurt mit Lactobacillus bulgaricus (alternativ 1 Päckchen Joghurtferment)

● Eine Thermoskanne mit weitem Hals mit kochendem Wasser ausspülen. Milch auf 40–45 Grad erwärmen, den Joghurt bzw. das Joghurtferment einrühren und die Mischung zügig in die Thermoskanne füllen. 6–12 Std. stehen lassen – fertig!

Das passt dazu Der so hergestellte Naturjoghurt eignet sich für alle Joghurtspeisen, aber auch für Salatsaucen oder als Beigabe in Brotrezepten. 4–5 EL können Sie zum Ansatz eines weiteren Joghurts verwenden. Selbst gemachter Joghurt ist nicht stichfest. Für Joghurtcremes benötigen Sie Gelatine, Agar-Agar oder ein anderes Kaltquellmittel. Und: Der Joghurt enthält noch »lebende Kulturen«. Das heißt, er reift während der Lagerung weiter und ist auch meist bei leichter Laktose-Intoleranz verträglich.

Variante Es eignen sich auch zuvor ausgekochte Schraubgläser, die, in einem Schuhkarton verstaut, zusammen mit einer Wärmflasche für 12 Std. ins Bett gestellt werden. Rühren Sie in die Milch 2 EL Traubenzucker ein, wird der Joghurt milder. Und wenn Sie vor dem Einfüllen auf den Boden der Gläser 1–2 EL Konfitüre geben, erhalten Sie einen Fruchtjoghurt.

Nährwerte pro Portion
105 kcal • 5 g E • 7 g F • 8 g KH

Köstlich zum Brunch
Schafskäse-Zucchini-Spieße

Für 8 kleine Spieße • gut vorzubereiten
⏱ 15 Min. + 30 Min. Ziehzeit

1 kleine Zucchini • Olivenöl • 8 Scheiben Bacon • 1 TL Honig • Saft von 1 Limette • 1 TL frische Thymianblättchen • 1 Scheibe Feta

● Die Zucchini der Länge nach in 8 sehr dünne Scheiben schneiden und diese in etwas Olivenöl von beiden Seiten in einer Pfanne/Grillpfanne anbraten. Nebeneinander in eine flache Schale legen. Bacon-Scheiben ebenfalls in der Pfanne anbraten (nicht zu stark).

● Olivenöl, Honig und Limettensaft verrühren, frische Thymianblättchen in die Marinade einrühren. Die Zucchinischeiben mit der Marinade beträufeln und alles mind. ½ Std. durchziehen lassen.

● Feta in 8 Würfel schneiden. Jeden Schafskäsewürfel zunächst mit 1 Zucchinischeibe und dann mit dem Bacon umwickeln. Alles mit einem kleinen Holzspieß fixieren.

Variante Die Schafskäsespieße können auch kurz auf dem Grill gebacken werden. Dazu die Holzspieße vorher in Wasser einweichen, damit sie nicht verbrennen.

Nährwerte pro Spieß
114 kcal • 5 g E • 9 g F • 2 g KH

❯❯ Schafskäse-Zucchini-Spieße

Joghurt, Spieße : Frühstücksideen

Herzhaftes Frühstück
Luftiges Rührei

Für 1 Person • geht schnell
⊘ 7 Min.

2 frische Eier • Mineralwasser mit Kohlensäure • Salz • edelsüßes Paprikapulver • 1 TL Öl oder Margarine

● Die Eier mit einem Schluck Mineralwasser schaumig verrühren. Mit Salz und etwas edelsüßem Paprikapulver würzen.

● Öl oder Margarine in einer Pfanne erhitzen, die Eimasse einfüllen und unter Rühren bei mittlerer Hitze wenige Min. stocken lassen. Die Eimasse sollte nicht zu trocken, eher noch leicht feucht und glänzend sein. Das luftige Rührei auf einem vorgewärmten Teller servieren.

Das passt dazu Frisch gebratener Bacon (Frühstücksspeck in dünnen Scheiben), frische Schnittlauchröllchen und knuspriges glutenfreies Toastbrot (Seite 52)

Nährwerte pro Portion
200 kcal • 14 g E • 16 g F • 2 g KH

Veganer Genuss
Blaubeersmoothie

Für 1 Person • laktosefrei
⊘ 5 Min.

120 g Blaubeeren • 120 ml Kokosmilch • 1 EL Zitronensaft • 1 EL brauner Zucker

● Blaubeeren waschen und abtropfen lassen. Alle Zutaten in einem Mixer oder mit dem Pürierstab schaumig mixen.

● Den Blaubeersmoothie in ein großes Glas füllen (evtl. den Glasrand vorher mit Zitronensaft benetzen und in Zucker tauchen).

Variante Anstelle von Blaubeeren und Kokosmilch sind auch andere vollreife Früchte (Mango, Himbeeren, Brombeeren oder Erdbeeren) sowie Joghurt, Milch oder Sahne geeignet. Auch einige Blättchen Minze geben eine interessante Geschmacksvariation.

Nährwerte pro Portion à 250 ml
130 kcal • 1 g E • 1 g F • 24 g KH

Für einen langen Vormittag
Bananen-Energie-Start

Für 1 Person • preisgünstig
⊘ 5 Min.

1 reife Banane • 100 g Magerquark • 50 g Naturjoghurt • 1 EL Hirseflocken • 1 EL Rosinen • Zucker oder Honig nach Geschmack

● Die Banane schälen und in einem Suppenteller mit einer Gabel zerdrücken. Quark und Joghurt untermischen und die Hirseflocken unterrühren. Die Rosinen darüberstreuen und nach Belieben mit Zucker oder Honig süßen.

Nährwerte pro Portion
345 kcal • 17 g E • 3 g F • 64 g KH

❖ Blaubeersmoothie

Rührei, Smoothies : Frühstücksideen

Brot und Brötchen

Schön saftig
Quarkbrötchen

6–8 Stück • gelingt leicht
⏱ 20 Min. + 30 Min. Ruhezeit + 20–30 Min. Backzeit

50 g Hirseflocken • 250 ml Milch • 40 g Butter • ½ TL Salz •
1 TL Zucker • 400 g Grundmehlmischung (Seite 100) •
7–10 g Trockenhefe oder ½ Würfel frische Hefe • 1 TL Salz •
150 g Magerquark • etwas Mehlmischung zum Kneten •
etwas zerlassene Butter zum Bestreichen

● Die Hirseflocken mit 150 ml Milch, Butter, Salz und Zucker aufkochen. Hirsebrei auf Handwärme abkühlen lassen. Mehlmischung mit Trockenhefe und Salz vermischen. (Wird frische Hefe verwendet, diese in der lauwarmen Milch auflösen.)

● Hirsebrei, Mehlmischung, Quark und 100 ml Milch (evtl. mit frischer Hefe vermischt) verkneten – dazu am besten eine Küchenmaschine mit Knethaken benutzen. Den Teig abgedeckt mindestens 30 Min. ruhen lassen. (Nach der Ruhezeit prüfen, ob der Teig mit Poren durchsetzt – also aufgegangen – ist.)

● Den Teig auf der Arbeitsfläche mit etwas Mehl aufkneten, zu einer Rolle formen, in 6–8 gleich große Stücke schneiden, zu Brötchen drehen und auf ein mit Backpapier ausgelegtes Backblech setzen. Die Brötchen mit flüssiger Butter bestreichen.

● Den Backofen auf 210 Grad (Ober-/Unterhitze) vorheizen und die Brötchen darin 20–30 Min. goldbraun backen.

Nährwerte pro 100 g
225 kcal • 5 g E • 6 g F • 39 g KH

Herzhaft knackig und laktosefrei
Kastanien-Schinken-Brötchen

8 Stück • braucht etwas mehr Zeit
⏱ 20 Min. + 1 Std. Ruhezeit + 30 Min. Backzeit

½ Zwiebel • 100 g Schinkenspeck • 2 EL Öl • 250 g Grundmehlmischung (Seite 100) • 50 g Kastanienmehl • 30 g glutenfreier Trockensauerteig (z. B. von Hammermühle) • 8 g Guarkernmehl oder Johannisbrotkernmehl • 7 g Trockenhefe • ½–1 TL Salz • 250 ml lauwarmes Wasser • 1 TL Zuckerrübensirup oder Melasse • 3–4 EL Grundmehlmischung zum Auskneten • 1 EL Öl

● Zwiebel abziehen. Schinkenspeck und Zwiebel fein würfeln. Beides im heißen Öl anbraten. Mehle, Sauerteig, Bindemittel, Trockenhefe und Salz vermischen. 250 ml lauwarmes Wasser mit dem Sirup verrühren und langsam unterkneten. Den Teig abdecken und 45 Min. gehen lassen. Ein Backblech mit Backpapier auslegen.

● Den Teig mit etwas Mehlmischung aufkneten und den angebratenen Schinkenspeck unterarbeiten. 8 Brötchen formen, auf das Blech setzen und mit Wasser bepinseln. Die Brötchen weitere 15 Min. ruhen lassen.

● Den Backofen auf 220 Grad vorheizen. Die Brötchen mit Öl bestreichen und etwa 30 Min. backen.

Variante Die Brötchen sind auch ohne Schinken und Zwiebeln ein Genuss. Das Öl wird direkt zum Teig geknetet.

Nährwerte pro Stück à 50 g
214 kcal • 4 g E • 8 g F • 32 g KH

Im Muffinblech in Form gebracht
Rosinenbrötchen

12 Stück • gelingt leicht
⏲ 10 Min. + 45 Min. Ruhezeit + 30 Min. Backzeit

100 g Rosinen • 400 g Grundmehlmischung (Seite 100) • 50 g Hirse (gemahlen) • 80 g Zucker • 2 Päckchen Vanillezucker • 1 Prise Salz • 7 g Trockenhefe • 250 g Magerquark • 100 ml lauwarme Milch • 30 g weiche Butter • 1 Ei (Gr. M)

● Ein Muffinblech mit 12 Formen einfetten oder mit Papierförmchen auslegen. Die Rosinen mit heißem Wasser abspülen und abtropfen lassen und klein hacken. Alle trockenen Zutaten gründlich vermischen.

● Quark, lauwarme Milch, Butter und das Ei in das Mehlgemisch kneten, bis ein weicher, glatter Teig entsteht. Zuletzt die Rosinen kurz unterarbeiten.

● Den Teig gleichmäßig in die Förmchen füllen (max. drei Viertel voll) und das Blech zugedeckt etwa 45 Min. gehen lassen. Backofen auf 200 Grad vorheizen. Die Rosinenbrötchen im heißen Backofen auf der mittleren Schiene etwa 30 Min. goldbraun backen.

Variante Der Teig kann auch in einer Kasten- oder Zopfform gebacken werden. Solch ein Rosinenbrot lässt sich gut schneiden und portionsweise einfrieren. Anstelle von Rosinen schmecken auch getrocknete Cranberries im Teig. Und die Brötchen können auch roh, fertig ausgeformt auf einem Brett eingefroren werden. Wenn sie angefroren sind, in einen Gefrierbeutel umpacken. Nach Bedarf unaufgetaut im vorgeheizten Backofen backen.

Nährwerte pro Stück à 80 g
230 kcal • 6 g E • 4 g F • 43 g KH

Ein trendiger Snack
Bagels

12 Stück • braucht etwas mehr Zeit
⏲ 45 Min. + 45 Min. Ruhezeit + 30 Min. Backzeit

400 g Grundmehlmischung (Seite 100) • 50 g Kichererbsen- oder Sojamehl • 5 g Xanthan oder Guarkernmehl (evtl. Bindobin) • 7 g Trockenhefe • 1 EL Zucker • 1 – 2 TL Salz • 350 ml Milch • 40 g weiche Butter • 1 EL Sesam

● Alle trockenen Zutaten außer Sesam gründlich mischen. Milch und Butter unterkneten, sodass ein weicher Teig entsteht. Den Teig sofort in einen Spritzbeutel mit großer Lochtülle (oder gar keiner Tülle) füllen. Ein Backblech mit Backpapier auslegen und darauf große Teigringe spritzen. Diese abgedeckt 30 Min. ruhen lassen.

● Den Backofen auf 200 Grad vorheizen. In einem mittelgroßen flachen Topf Wasser zum Kochen bringen. Die Teigringe mit einem Schaumlöffel einzeln in das kochende Wasser gleiten lassen. Einmal wenden und wieder herausnehmen. Bagels auf das vorbereitete Blech setzen und sofort mit Sesam bestreuen. Die Bagels im heißen Backofen auf der mittleren Schiene etwa 30 Min. goldbraun backen.

Laktose-Tipp Durch Austausch gegen laktosefreie Milchprodukte oder Sojamilch auch bei Laktose-Intoleranz geeignet.

Variante Für Hamburgerbrötchen den Teig mit 2 EL in runden, flachen Häufchen auf das Backblech platzieren. Brötchen mit Milch bestreichen und mit Sesam bestreuen. Nach ca. 45 Min. Ruhezeit ohne vorheriges Brühen backen.

Nährwerte pro Stück à 60 g
220 kcal • 3 g E • 4 g F • 35 g KH

❯ Bagels

Saftig und leicht süß
Rosinenstuten

20 Scheiben • braucht etwas mehr Zeit
🕐 20 Min. + 45 Min. Ruhezeit + 50 Min. Backzeit

2 EL Mandelblättchen • 350 g Grundmehlmischung (Seite 100) • 3 EL Pfeilwurzelstärke • 20 g Magermilchpulver • 2 EL Sojakleie oder Nüsse (gerieben) • 7 g Trockenhefe • 4 EL Zucker • ½ TL Salz • ½ TL Stollengewürz (oder Kardamom, Zitronenschale und Zimt) • 250 ml Milch • 20 g Butter • 2 Eier (Gr. M) • 80 g Rosinen • etwas Kartoffelmehl

● Eine Kasten- oder Stollenform (normale, handelsübliche Größe) einfetten und mit Mandelblättchen ausstreuen. Die trockenen Zutaten vermischen. Milch und Butter zusammen erhitzen und auf Handwärme abkühlen lassen. Die Flüssigkeit mit dem Knethaken des Handrührgeräts langsam unter das Mehlgemisch arbeiten.

● Die Eier zugeben und gründlich unterkneten. Rosinen abspülen, abtupfen und mit etwas Kartoffelmehl bestäuben und zuletzt in den Teig einarbeiten. Den Teig in die vorbereitete Form füllen und zugedeckt 45 Min. gehen lassen. Den Backofen auf 180 Grad vorheizen.

● Den Stuten 50 Min. backen, dann auf ein Kuchengitter stürzen und abkühlen lassen. Er schmeckt frisch und noch leicht warm mit Butter und Marmelade.

Variante Mit Trockenfrüchten und etwas mehr Stollengewürz eignet sich der Stuten auch als Christstollen. Der heiße Stollen wird dann nach dem Backen mit zerlassener Butter eingestrichen und dick mit Puderzucker bestäubt.

Nährwerte pro Scheibe à 60 g
180 kcal • 4 g E • 6 g F • 26 g KH

Snack für Kindergarten und Schule
Schokobrötchen

10 – 12 Stück • braucht etwas mehr Zeit
🕐 20 Min. + 60 Min. Ruhezeit + 30 Min. Backzeit

450 g Grundmehlmischung (Seite 100) • 50 g Mandeln (geschält und gemahlen) • 5 g Guarkernmehl oder Xanthan • 7 g Trockenhefe • 80 g Zucker • 1 Päckchen Vanillezucker • 1 Prise Salz • 300 ml lauwarme Milch • 1 Ei (Gr. M) • 40 g weiche Butter • 3 EL Schokolade, grob gehackt oder Schokoblättchen (glutenfrei) • ca. 50 g Grundmehlmischung zum Auskneten • 1 Eigelb

● Trockene Zutaten bis auf die Schokolade mischen. Milch, Ei und Butter gründlich unterkneten, bis ein weicher, glatter Teig entsteht. Die Rührschüssel abdecken und den Teig 30 Min. gehen lassen.

● Ein Backblech mit Backpapier auslegen. Den Teig auf die bemehlte Arbeitsfläche geben und mit den Händen vorsichtig aufkneten. Dabei nur wenig von der Grundmehlmischung einarbeiten. Zuletzt die Schokostückchen bzw. -blättchen unterkneten.

● Den Teig zu einer armdicken Rolle formen und 15 gleich große Stücke abteilen. Diese zu Brötchen drehen, auf das Blech setzen, mit verquirltem Eigelb bestreichen und sternförmig einschneiden. Weitere 30 Min. ruhen lassen. Den Backofen auf 200 Grad vorheizen. Die Schokobrötchen auf der mittleren Schiene etwa 30 Min. goldbraun backen.

Nährwerte pro Stück à 60 g
245 kcal • 3 g E • 10 g F • 35 g KH

❯ Rosinenstuten

Rosinenstuten, Schokobrötchen : Brot und Brötchen 47

Schmackhaftes Grundrezept
Quarkbrot

20 Scheiben • gelingt leicht
⏱ 20 Min. + 50–60 Min. Backzeit

500 g Grundmehlmischung (Seite 100) • 5–7 g Trockenhefe • 1 TL Salz • 1 TL Zucker • 375 ml Milch • 5 EL Öl • 250 g Magerquark • 1 Ei (Gr. M)

● Eine Kastenform einfetten oder mit Backpapier auslegen. Grundmehlmischung mit der Trockenhefe, Salz und Zucker in einer Rührschüssel vermischen.

● Milch und Öl erwärmen und zusammen mit dem Quark und dem Ei unter das Mehlgemisch kneten – es entsteht ein dickflüssiger Teig.

● Den Teig in die Form füllen und zugedeckt etwa 30 Min. gehen lassen. Den Backofen auf 200 Grad vorheizen.

● Die Kastenform in den heißen Backofen schieben und das Brot darin 50–60 Min. backen. Das Brot schmeckt frisch oder getoastet am besten.

Variante Nach Belieben den Teig mit Brotgewürzen (Koriander, Kümmel, Anis) abschmecken oder mit gehackten Sonnenblumenkernen anreichern.

Tipp Eine handelsübliche Kastenform hat eine Länge zwischen 24 und 26 cm. Kleine Kastenformen sind zwischen 18 und 20 cm lang. Ist die Form zu groß, wird das Brot flacher und die Scheiben kleiner. Brotbackformen sind oft 30 cm lang – dafür die doppelte Teigmenge.

Nährwerte pro Scheibe à 55 g
130 kcal • 4 g E • 3 g F • 22 g KH

Ohne Zusatz von Verdickungsmitteln
Rustikales Kartoffelbrot

20 Scheiben • laktosefrei
⏱ 40 Min. + 1 Std. Ruhezeit + 1 Std. Backzeit

250 g gekochte Pellkartoffeln (mehlig kochend) • 250 g rohe Kartoffeln (mehlig kochend) • 200 g Grundmehlmischung (Seite 100) • 50 g Buchweizenmehl oder Hirseflocken • 25 g Leinsamen • 25 g Sonnenblumenkerne • 25 g Sesam • 10 g Trockenhefe • 2 TL Salz (gestrichen voll) • 1 TL Zucker • 4 EL Öl • bis zu 100 ml Wasser (nach Bedarf)

● Die Kartoffeln pellen und noch heiß durch eine Presse drücken. Die rohen Kartoffeln schälen und fein reiben. Mehle und Saaten mit der Trockenhefe, Salz und Zucker mischen und aus allen Zutaten einen glatten Teig kneten. Dabei, je nach Bedarf, vorsichtig Wasser zufügen.

● Den Teig zugedeckt 30 Min. ruhen lassen. Dann kräftig durchkneten und zu einem runden Laib formen. Ein Backblech mit Backpapier auslegen und den Laib darauf zugedeckt weitere 30 Min. gehen lassen.

● Den Backofen auf 200–220 Grad vorheizen und das Brot auf der unteren Schiene etwa 1 Std. backen.

Nährwerte pro Scheibe à 60 g
131 kcal • 3 g E • 4 g F • 20 g KH

▸ Rustikales Kartoffelbrot

Auch gut mit Teff oder Hirse
Sauerteig-Mischbrot

15 Scheiben • laktosefrei
⏲ 10 Min. + 45 Min. Ruhezeit + 45 – 50 Min. Backzeit

200 g Grundmehlmischung (Seite 100) • 30 g Soja- oder Kichererbsenmehl • 30 g Buchweizenmehl • 50 g glutenfreier Trockensauerteig (z. B. von Hammermühle) • 8 g Guarkernmehl (Nestargel oder Bindobin) • 7 g Trockenhefe • 1 TL Salz • 200 ml Buttermilch • 60 – 80 ml heißes Wasser • 2 EL Öl • 1 EL Zuckerrübensirup • 1 – 2 EL Buchweizengrütze

● Eine kleine Kastenform (ca. 20 cm) mit Backpapier auslegen oder einfetten. Alle trockenen Zutaten miteinander vermischen. Buttermilch, Wasser, das Öl und den Sirup mischen und langsam mit dem Knethaken des Handrührgeräts von der Mitte aus einarbeiten. So lange kneten, bis ein glatter Teig entstanden ist.

● Den Teig in die vorbereitete Kastenform füllen, glatt streichen, mit Wasser bepinseln und den Teigling 45 Min. gehen lassen. Den Backofen auf 220 Grad vorheizen. Den Teigling mit Öl bepinseln, mit Buchweizengrütze bestreuen und auf der unteren Schiene im heißen Backofen 45 – 50 Min. backen.

● Das Brot nach dem Backen auf ein Kuchengitter stürzen und vor dem Anschneiden vollständig auskühlen lassen.

Tipp Die Teigzubereitung ist einfach und schnell und gelingt auch für 2 oder 3 Kastenbrote, die auf einmal in den Ofen geschoben werden. Nicht sofort benötigte Brote in Scheiben portioniert einfrieren.

Nährwerte pro Scheibe à 40 g
81 kcal • 2 g E • 2 g F • 14 g KH

Ideal für Allergiegeplagte
Maisbrot mit Backpulver

20 Scheiben • laktosefrei
⏲ 10 Min. + 50 Min. Backzeit

350 g Maismehl • 1 Päckchen Weinstein-Backpulver (glutenfrei) • 100 g weiche Butter • 600 ml Wasser • Salz • evtl. etwas Kümmel, gemahlen

● Eine Kastenform mit Backpapier auslegen. Den Backofen auf 175 Grad (Umluft 160 Grad) vorheizen. Maismehl und Backpulver miteinander vermischen. Butter hinzufügen und 600 ml Wasser langsam einarbeiten, bis ein glatter, weicher Teig entstanden ist.

● Teig mit Salz und evtl. etwas Kümmel abschmecken. Den Teig in die vorbereitete Form füllen und im heißen Backofen etwa 50 Min. backen. In den letzten 5 Min. der Backzeit die Brotoberfläche mit etwas Butter bepinseln, damit das Brot Farbe annimmt.

● Das fertige Brot vorsichtig auf ein Kuchengitter stürzen und mit einem Tuch bedeckt auskühlen lassen.

Variante Gut gelingen auch kleine Muffins aus dem Teig.

Tipp Das Maismehlbrot schmeckt am besten noch warm und mit Butter bestrichen.

Nährwerte pro Scheibe à 50 g
96 kcal • 2 g E • 5 g F • 12 g KH

▶ Sauerteig-Mischbrot

Mischbrot, Maisbrot : Brot und Brötchen

Der Tag kann beginnen
Toastbrot

20 Scheiben • gelingt leicht
🕐 10 Min. + 45 Min. Ruhezeit + 50 Min. Backzeit

350 g Grundmehlmischung (Seite 100) • 5 g Johannisbrotkernmehl • 30 g Magermilchpulver • 20 g Zucker • 1 TL Trockenhefe • 1 TL Salz • 20 g Butter • 300 ml Milch

● Eine Kastenform einfetten. Aus doppelt zusammengelegter Alufolie einen Deckel zuschneiden und auf einer Seite einfetten. Grundmehlmischung, Johannisbrotkernmehl und Milchpulver vermischen. Zucker, Trockenhefe und Salz hinzufügen.

● Butter und Milch erwärmen und langsam unter die anderen Zutaten kneten. Den Teig in die Form füllen und mit Wasser bepinseln. Den Aludeckel mit der Fettseite nach unten auf der Form befestigen. Mit einer Gabel einige Male einstechen. Den Teigling 45 Min. gehen lassen.

● Den Backofen auf 200 Grad (Umluft 180 Grad) vorheizen. Die Kastenform in den heißen Ofen stellen und das Brot etwa 40 Min. mit und 10 Min. ohne Deckel backen.

● Das Brot aus der Form auf ein Gitter stürzen und zugedeckt auskühlen lassen. In einem Folienbeutel über Nacht aufbewahren und am nächsten Tag in nicht zu dünne Scheiben schneiden.

Tipp Im Fachhandel gibt es spezielle Toastbrotformen mit Deckel zu kaufen. So wirkt das Brot noch »echter«. Spezialformen sind meist länger als eine handelsübliche Kastenform, Sie brauchen die 1½-fache Teigmenge.

Nährwerte pro Scheibe à 50 g
80 kcal • 2 g E • 1 g F • 16 g KH

Aus dem Backautomaten (Backprogramm Basis)
Teffbrot

14 Scheiben • gelingt leicht
🕐 3 Std.

200 ml Buttermilch oder Joghurt • 15 g weiche Butter • 200 ml Wasser • 150 g Teffmehl • 100 g Hirseflocken • 100 g Reismehl • 50 g Maismehl • 1 TL Zucker • 2 TL Salz • 2 TL Trockenhefe

● Die Backform aus dem Backautomaten nehmen und auf eine Digitalwaage stellen. Den Knethaken mit Öl bepinseln und am Boden der Form einsetzen. Zunächst alle flüssigen Zutaten in die Form einwiegen, dann die trockenen Zutaten obenaufgeben. Darauf achten, dass der Rand sauber bleibt.

● Die Backform in den Automaten einrasten lassen, den Deckel schließen. Das Programm »Basis« wählen und starten. Nach dem ersten Knetvorgang den Deckel öffnen und Mehlreste mit einem Teigschaber vom Rand lösen und in die Teigmitte geben.

● Nach Programmablauf das Brot direkt aus der Form auf ein Kuchengitter stürzen und den Knethaken aus dem Brot entfernen. Das Brot unter einem Tuch abkühlen lassen.

Variante Mit verschiedenem Brotgewürz (Fenchel, Kümmel, Anis, Koriander) schmeckt es immer wieder ein bisschen anders.

Nährwerte pro Scheibe à 50 g
108 kcal • 3 g E • 5 g F • 25 g KH

❯ Toastbrot

Toastbrot, Teffbrot : Brot und Brötchen 53

Kernig gut
Sonnenblumenkernbrot

16 Scheiben à 50 g • gelingt leicht
⏱ 20 Min. + 1 Std. 20 Min. Ruhezeit + 50 Min. Backzeit

½ Würfel frische Hefe • 1 TL brauner Zucker • 350 g Grundmehlmischung (Seite 100) • 50 g Teffmehl • 50 g Kastanienmehl • 80 g Sonnenblumenkerne • 8 g Guarkernmehl • 1½ TL Salz (ca. 8 g) • 200 ml Buttermilch • 150 ml heißes Wasser • 15 ml Sonnenblumenöl • 1 EL Sonnenblumenöl zum Bestreichen • 2 EL Sonnenblumenkerne

● Die Hefe mit dem Zucker flüssig rühren und kurz stehen lassen. Die trockenen Zutaten vermischen. Buttermilch mit dem heißen Wasser und dem Öl verrühren.

● Die trockenen Zutaten und die Flüssigkeit in der Küchenmaschine zu einem gleichmäßigen Teig kneten. Den Teig ca. 30 Min. ruhen lassen. Teig zu einem länglichen Laib formen (evtl. 1–2 EL Grundmehlmischung dazukneten, falls der Teig zu weich sein sollte) und diesen in Sonnenblumenkernen wenden.

● Den Brotteig in eine mit Backpapier ausgelegte Kastenform legen oder auf ein Backblech mit ovalem Backring umlegt und satt mit Wasser einstreichen – abgedeckt weitere 45 Min. ruhen lassen. Den Backofen auf 220 Grad (Ober-/Unterhitze) vorheizen. Das Brot mit Öl einstreichen und im heißen Backofen ca. 50 Min. backen. Vor dem Anschneiden auf einem Gitter auskühlen lassen.

Variante Anstelle von Kastanienmehl gemahlene Hasel- oder Walnüsse verwenden und anstatt der Sonnenblumenkerne gehackte Nusskerne.

Nährwerte pro Scheibe (50 g)
137 kcal • 3 g E • 4 g F • 21 g KH

Aus dem Backautomaten (Basis oder Vollkorn)
Buttermilch-Kartoffel-Brot

14 Scheiben • braucht etwas mehr Zeit
⏱ 3 Std.

200 ml Buttermilch • 1 Ei • 2 EL Öl • 50 ml Wasser • 200 g gekochte, passierte Kartoffeln (mehlige Sorte) • 100 g Maismehl • 80 g Naturreis, gemahlen • 50 g Buchweizen, gemahlen • 2 TL Salz • 1 EL Zucker oder Honig • 5 g Trockenhefe • ½ TL Kümmel, gemahlen oder Brotgewürz

● Die Backform aus dem Backautomaten nehmen und auf eine Digitalwaage stellen. Den Knethaken mit Öl bepinseln und am Boden der Form einsetzen. Zunächst alle flüssigen Zutaten in die Form einwiegen, dann die trockenen Zutaten obenaufgeben. Darauf achten, dass der Rand sauber bleibt.

● Die Backform in den Automaten einrasten lassen und den Deckel schließen. Das Programm »Vollkorn« wählen und starten. Nach dem ersten Knetvorgang den Deckel öffnen und Mehlreste mit einem Teigschaber vom Formrand lösen und in die Teigmitte geben.

● Nach dem Ende des Programms das Brot direkt aus der Form auf ein Kuchengitter stürzen und den Knethaken aus dem Brot entfernen. Das Brot unter einem Tuch abkühlen lassen.

Laktose-Tipp Anstelle der Buttermilch laktosefreien Joghurt verwenden.

Nährwerte pro Scheibe à 40 g
80 kcal • 3 g E • 1 g F • 14 g KH

❯ Sonnenblumenkernbrot

Kuchen

Klassiker in Schwarz und Weiß
Marmorkuchen

20 Stück • gelingt leicht
⏱ 20 Min. + 50 Min. Backzeit

2 EL Kakaopulver • 3 EL Puderzucker • 1 EL Vanillezucker •
1 Msp. Zimt • 3 EL Orangensaft oder Rum • 160 g Butter •
160 g Zucker • 1 EL Vanillezucker • 4 Eier (Gr. M) •
1 Prise Salz • 200 g Grundmehlmischung (Seite 100) •
50 g geschälte, geriebene Mandeln • 2 TL Backpulver •
Puderzucker zum Bestäuben

● Eine Kastenform mit Backpapier auslegen. Den Backofen auf 180 Grad (Umluft 160 Grad) vorheizen. Kakaopulver mit Puderzucker, Vanillezucker, Zimt und Orangensaft (bzw. Rum) zu einer glatten Creme rühren und kalt stellen. Butter, Zucker und Vanillezucker schaumig rühren. Die Eier nacheinander zufügen. Salz dazugeben.

● Die Grundmehlmischung mit den geriebenen Mandeln und dem Backpulver vermischen und löffelweise unter den Teig rühren. Die Hälfte des Teiges in die Form füllen. Den restlichen Teig mit der Kakaocreme braun einfärben.

● Den dunklen Teig auf dem hellen Teig verteilen und mit einer Gabel spiralförmig unterziehen. Den Kuchen im heißen Ofen etwa 50 Min. backen und mit Puderzucker bestäuben.

Laktose-Tipp Bei Laktose-Intoleranz geeignet, wenn Sie für den dunklen Teig Sojamilch verwenden.

Nährwerte pro Stück à 50 g
205 kcal • 3 g E • 10 g F • 25 g KH

Locker und trotzdem saftig
Sandkuchen

14 Stück • gelingt leicht
⏱ 10 Min. + 50–60 Min. Backzeit

250 g Butter • 250 g Zucker • ½ TL gemahlene Vanille •
4 Eier (Gr. M) • 3 Tropfen Backöl Zitrone • 1 Prise Salz •
250 g Grundmehlmischung (Seite 100) • ½ TL Backpulver •
50 ml Eierlikör (glutenfrei, z. B. von Verpoorten) • 100 g
Zartbitterkuvertüre • 20 g Kokosfett

● Den Backofen auf 175 Grad (Umluft 160 Grad) vorheizen. Butter schmelzen und abkühlen lassen. Eine Kastenform mit Backpapier auslegen. Zucker und Vanille mit der Butter schaumig rühren. Die Eier nach und nach zufügen. Backöl und Salz unterrühren.

● Grundmehlmischung und Backpulver vermischen und löffelweise dem Teig zufügen. Zuletzt den Eierlikör unterrühren. Den Teig in die Form füllen und 50–60 Min. backen.

● Den Kuchen vorsichtig auf ein Kuchengitter stürzen. Kuvertüre und Kokosfett in einen Topf geben, schmelzen und den noch warmen Kuchen damit überziehen.

Variante Die doppelte Teigmenge eignet sich für eine Kranzform, z. B. für einen Frankfurter Kranz.

Nährwerte pro Stück à 75 g
338 kcal • 3 g E • 20 g F • 36 g KH

Köstliches Naschwerk
Honigmarzipan

ca. 250 g • braucht etwas mehr Zeit
◷ 40 Min.

200 g Mandelkerne • 60 g Honig • 2 EL Rosenwasser

● Die Mandeln in eine Schale geben und mit kochendem Wasser bedecken. Abkühlen lassen und dann aus der Schale herausdrücken.

● Mandeln im Mixer sehr fein zerkleinern und mit dem Honig und dem Rosenwasser vermischen, bis eine knetbare Masse entsteht.

● Sollte das Marzipan zu trocken werden, einfach noch ein bisschen Rosenwasser zugeben.

Variante Für »normales« Marzipan mit Zucker anstatt mit Honig einfach 130 g Mandeln überbrühen, die Haut entfernen und mit 130 g Puderzucker in einem starken Mixer zerkleinern. Dann einige Tropfen Bittermandelöl und 6–8 EL Rosenwasser zugeben, bis eine glatte knetfähige Masse entstanden ist.

Tipp Rosenwasser erhält man günstig in türkischen oder asiatischen Lebensmittelgeschäften.

Nährwerte pro 100 g
370 kcal • 13 g E • 28 g F • 15 g KH

◁ Maulwurfkuchen

Für den Kindergeburtstag
Maulwurfkuchen

14 Stück • gelingt leicht
◷ 30 Min. + 40 Min. Backzeit

Für den Boden: 4 Eier (Gr. M) • 200 g Puderzucker • 1 EL Kakao • 1 Päckchen Puddingpulver Schokolade • 2 TL Backpulver • 80 g Kartoffelmehl • 1 TL gemahlene Flohsamenschalen • 200 g Haselnüsse, gemahlen
Für die Füllung: ½ l Schlagsahne • 2 Päckchen Sahnesteif • 1 Päckchen Vanillezucker • 150 g geraspelte Schokolade
Für den Maulwurf: 20 g Marzipanrohmasse (siehe Rezept links) • 1 TL Kakao • 2 TL Puderzucker

● Den Boden einer Springform mit Backpapier auslegen. Den Backofen auf 175 Grad (Umluft 160 Grad) vorheizen. Eier und Puderzucker sehr schaumig rühren. Kakao, Puddingpulver, Backpulver, Kartoffelmehl, Flohsamenschalen und Haselnüsse vermischen und unter die Schaummasse rühren. Den Teig in die vorbereitete Form füllen und den Kuchen auf der unteren Schiene 40 Min. backen.

● Den Boden auf einem Kuchengitter vollständig auskühlen lassen. Ganz vorsichtig von innen aushöhlen und zerkrümeln – ein dünner Boden und ein Rand müssen bleiben! Sahne mit Sahnesteif und Vanillezucker steif schlagen. Ein Drittel der Kuchenkrümel und die Schokolade unterheben. Alles wie einen Hügel auf den Boden füllen und zuletzt die restlichen Krümel wie einen Maulwurfshügel darüber verteilen. Kühl stellen.

● Marzipanmasse, Kakao und Puderzucker verkneten. Daraus 1–2 Maulwürfe formen. Diese mit Fähnchen oder Playmobilleiter auf den Hügelkuchen setzen.

Nährwerte pro Stück à 90 g
350 kcal • 5 g E • 25 g F • 26 g KH

Kuchen : Rührkuchen

Einfach, schnell und vielseitig
Nusskuchen

14 Stück • laktosefrei
⏱ 10 Min. + 45–50 Min. Backzeit

8 Eier • 250 g Zucker • 250 g Haselnüsse (gemahlen) • ½ Päckchen Backpulver • Saft von 1 Zitrone

● Eine große Kastenform mit Backpapier auslegen oder eine Napfkuchenform gründlich einfetten. Den Backofen auf 175 Grad (Umluft 160 Grad) vorheizen. Eier trennen. Eigelbe mit dem Zucker hellgelb schaumig schlagen.

● Die Nüsse mit dem Backpulver mischen und löffelweise unter die Eiermasse ziehen. Eiklar mit dem Zitronensaft zu festem Schnee schlagen und unterheben. Den Teig in die vorbereitete Form füllen und im heißen Backofen auf der unteren Schiene 45–50 Min. backen. Auf einem Gitter auskühlen.

Variante Für einen Tortenboden den Teig in einer Springform backen oder auf einem Backblech verteilen. Sie erhalten einen luftigen Nussbiskuit für eine Torte bzw. Rolle.

Nährwerte pro Stück à 60 g
215 kcal • 6 g E • 14 g F • 21 g KH

Auch gut als Rehrücken
Rotweinkuchen

20 Stück • laktosefrei
⏱ 15 Min. + 50–60 Min. Backzeit

200 g Blockschokolade • ⅛ l Rotwein • 250 g Butter • 250 g Zucker • 5 Eier (Gr. M) • 250 g Maismehl • ½ Päckchen Backpulver • 200 g Zartbitter-Kuvertüre • 40 g gehobelte Mandeln

● Schokolade im Rotwein langsam erwärmen, bis die Schokolade geschmolzen ist. Abkühlen lassen. Eine Napfkuchenform einfetten. Den Backofen auf 175 Grad (Umluft 160 Grad) vorheizen.

● Butter mit Zucker schaumig schlagen und nacheinander die Eier unterrühren. Den abgekühlten Schoko-Rotwein zugeben, dann das Maismehl mit dem Backpulver mischen und löffelweise unterrühren.

● Den Teig in die Form füllen und im Backofen auf der unteren Schiene 50–60 Min. backen. Den Kuchen auf einem Kuchengitter auskühlen lassen, mit Kuvertüre überziehen und mit den gehobelten Mandeln bestreuen.

Nährwerte pro Scheibe à 70 g
329 kcal • 4 g E • 19 g F • 34 g KH

Herrliche Schaumschlägerei
Biskuitboden

12 Stück • laktosefrei
⏱ 15 Min. + 25–30 Min. Backzeit

3 Eier • 3 EL heißes Wasser • 120 g Zucker • 1 Prise Salz • 100 g Grundmehlmischung (Seite 100) • ½ TL Backpulver

● Den Ofen auf 175 Grad (Umluft 160 Grad) vorheizen. Den Boden einer Springform gründlich einfetten. Die Eier trennen. Eigelb mit 3 EL heißem Wasser und dem Zucker schaumig schlagen. Eiklar mit Salz zu festem Schnee aufschlagen. Grundmehlmischung mit dem Backpulver vermischen.

● Eigelbmasse, Eischnee und Mehlgemisch vorsichtig mit einem Schneebesen unterheben. Teig sofort in die Form füllen und 25–30 Min. backen.

Variante Für eine zweistöckige Torte benötigt man die doppelte Teigmenge. Verwenden Sie anstelle des Maismehls Buchweizenmehl, erhält die Torte einen leicht herben Geschmack und eignet sich gut für eine Preiselbeer- oder Johannisbeer-Sahne-Füllung.

Nährwerte pro Stück (à 30 g)
90 kcal • 2 g E • 2 g F • 17 g KH

Köstlich mit säuerlichen Äpfeln
Apfeltorte

12 Stück • laktosefrei
⏱ 30 Min. + 40 Min. Backzeit

600 g mürbe Äpfel (z. B. Cox Orange) •
120 g Butter • 120 g Rohrzucker •
3 Eier (Gr. M) • 200 g Maismehl •
2 TL Backpulver • Sprudelwasser •
1 EL Puderzucker oder Calvados
und Mandelblättchen

● Äpfel schälen, vierteln und entkernen. Mit einer Gabel die runde Seite einritzen. Eine Springform mit Backpapier auslegen und den Rand einfetten. Den Backofen auf 175 Grad (Umluft 160 Grad) vorheizen. Butter und Rohrzucker cremig rühren. Die Eier nacheinander zugeben. Maismehl und Backpulver mischen und unterrühren. Evtl. etwas Sprudelwasser zum Teig geben, bis dieser schwer reißend vom Löffel fällt.

● Den Teig in die Form füllen, die Äpfel darauflegen und den Kuchen auf der unteren Schiene 40 Min. backen. Dann auf einem Kuchengitter abkühlen und vor dem Servieren mit Puderzucker bestäuben oder mit Calvados einstreichen und mit angerösteten Mandelblättchen bestreuen.

Nährwerte pro Stück à 90 g
210 kcal • 3 g E • 10 g F • 25 g KH

Im Nu gezaubert
Fruchtiger Rührkuchen

16 Stück • laktosefrei
⊙ 20 Min. + 30 Min. Backzeit

1 kg frisches Obst oder 750 g Tiefkühl-Obst • 150 g Butter • 150 g Zucker • ½ TL gemahlene Vanille • 4 Eier (Gr. M) • 1 Prise Salz • 2 Tropfen Backöl Zitrone • 250 g Grundmehlmischung (Seite 100) • 3 TL Weinstein-Backpulver • 150 g Puderzucker • 2–3 TL Zitronensaft

● Ein Backblech mit Backpapier auslegen. Den Backofen auf 175 Grad (Umluft 160 Grad) vorheizen. Obst abspülen, bei Bedarf schälen und in feine Spalten schneiden. Tiefkühl-Obst auf einem Sieb auftauen lassen.

● Butter, Zucker und Vanille cremig rühren. Die Eier einzeln gut unterrühren. Salz und Backöl zugeben. Grundmehlmischung mit dem Backpulver vermischen und löffelweise hinzufügen.

● Den Teig gleichmäßig auf dem Backblech verteilen. Die Obstspalten obenaufsetzen und leicht eindrücken. Den Kuchen im heißen Backofen auf der mittleren Schiene bei 175 Grad etwa 30 Min. backen. Puderzucker und Zitronensaft zu einem zähen Guss verrühren und den noch heißen Kuchen damit überziehen.

Nährwerte pro Stück à 100 g
260 kcal • 3 g E • 10 g F • 41 g KH

Schicht für Schicht einfach lecker
Kalter Hund

10 Stück • preisgünstig
⊙ 30 Min. + 3 Std. Kühlzeit

250 g Kokosfett • 2 Eier (Gr. M) • 80 g Zucker • 30 g Kakao • 2 Päckchen glutenfreie Butterkekse

● Eine Kastenform mit Pergamentpapier auslegen. Kokosfett in einem Topf bei schwacher Hitze schmelzen und abkühlen lassen. Eier, Zucker und Kakao in einer Schüssel verrühren. Zuletzt das abgekühlte Kokosfett unterrühren.

● Eine Schicht der Creme in die Form gießen. Darauf eine Lage Kekse legen. Von nun an schichtweise Creme und Kekse einfüllen. Die letzte Schicht besteht aus Keksen.

● Den Kuchen für mindestens 3 Std. in den Kühlschrank stellen. Dann auf eine rechteckige Platte stürzen und das Pergamentpapier vorsichtig abziehen. Die Oberfläche nach Belieben verzieren.

Tipp Kalter Hund ist auch unter dem Namen »Kalte Schnauze« ein Begriff und wird natürlich am liebsten von Kindern selbst »gebacken« und genascht.

Nährwerte pro Stück à 75 g
280 kcal • 2 g E • 21 g F • 20 g KH

◂ Kalter Hund

Nussiger Kuchen
Linzer Torte

12 Stück • gelingt leicht
⏲ 20 Min. + 30 Min. Kühlzeit + 25 Min. Backzeit

250 g Walnüsse • 150 g Reismehl • 150 g Buchweizenmehl • 10 g Pfeilwurzelstärke • 120 g Butter • 2 Eier (Gr. M) • 200 g Honig • 2 EL Milch • 1 TL Zimt • 1 Prise Nelken • 1 TL Backpulver
Für die Füllung: 200 g Kirsch- oder Johannisbeermarmelade • 1 Eigelb zum Bestreichen

● Die Walnüsse fein mahlen. Alle Zutaten zu einem glatten Teig kneten. Den Teig in Folie wickeln und 30 Min. im Kühlschrank ruhen lassen. Eine Springform mit Backpapier auslegen. Den Backofen auf 220 Grad (Umluft 200 Grad) vorheizen.

● Den Teig in 2 Hälften teilen. Mit einer Hälfte die Springform auslegen und dabei einen Rand bilden. Die Marmelade auf dem Teigboden verteilen. Die 2. Teighälfte ausrollen und in schmale Streifen schneiden. Ein Teiggitter über die Füllung legen und die Ränder leicht andrücken.

● Die Oberfläche mit Eigelb bestreichen und die Torte 25 Min. im heißen Backofen auf der mittleren Schiene backen. Vor dem Anschneiden auf einem Kuchengitter auskühlen lassen.

Laktose-Tipp Bei Laktose-Intoleranz geeignet, wenn Sie für den Teig Sojamilch oder laktosefreie Milch verwenden.

Variante Milder wird der Geschmack durch Haselnüsse und 300 g der Grundmehlmischung.

Nährwerte pro Stück à 90 g
350 kcal • 5 g E • 25 g F • 26 g KH

Extra saftig
Karotten-Schmand-Schnitten

16 Stück • gelingt leicht
⏲ 20 Min. + 30 Min. Backzeit

4 Eier (Gr. M) • 200 g Zucker • 200 ml Pflanzenöl • 1 Glas Baby-Karottenpüree • 250 g Grundmehlmischung (Seite 100) • 2 TL Weinstein-Backpulver • 1 TL Zimt • 1 Prise Salz
Für den Belag: 400 g Sahne • 400 g Schmand oder Crème fraîche • 2 EL Zucker • 1 Päckchen Vanillezucker • 1 TL Zimt

● Den Backofen auf 175 Grad (Umluft 160 Grad) vorheizen. Ein Backblech mit Backpapier auslegen. Eier, Zucker, Öl und Karotten mit dem Handrührgerät schaumig rühren. Grundmehlmischung mit Backpulver, Zimt und Salz vermengen, zugeben und kurz verrühren.

● Den dickflüssigen Teig gleichmäßig auf dem Blech verteilen. Den Karottenkuchen im heißen Backofen auf der mittleren Schiene etwa 30 Min. backen. Kuchen auf einem Kuchengitter gut auskühlen lassen.

● Für den Belag die Sahne steif schlagen und vorsichtig mit dem Schmand vermischen. Die Creme auf dem Kuchen verteilen. Zucker, Vanillezucker und Zimt vermengen und gleichmäßig über die Sahne streuen. Den Kuchen in 16 Stücke teilen und sofort servieren.

Laktose-Tipp Der Teig, nicht aber die Creme, ist laktosefrei.

Tipp Der Kuchen lässt sich für Gäste gut vorbereiten: Die Teigplatte am Vortag backen und erst am Serviertag mit der Sahnemasse bestreichen. Der Teig kann auch in kleinen Muffinformen gebacken werden.

Nährwerte pro Stück (mit Creme) à 100 g
370 kcal • 4 g E • 27 g F • 29 g KH   ⇢ Linzer Torte

Linzer Torte, Karotten-Schnitten : Kuchen

Die glutenfreie Hochzeitstorte

Die Hochzeitstorte ist oft das i-Tüpfelchen einer Hochzeitsfeier. Doch woher bekommt man bloß eine glutenfreie Torte? Sie selbst herzustellen ist gar nicht so schwer. Es gibt verschiedene Möglichkeiten.

Aufeinandergesetzte Torte. Für aufeinandergesetzte Torten müssen Sie beachten, dass sich für die unteren Lagen der Stufentorte nur Kuchen eignen, die stabil genug sind, das Gewicht der darüberliegenden Schichten zu tragen. So können Sie z. B. aus Biskuitteig (Seite 60) eine Prinzregenten-Torte backen. Hier werden viele hauchdünne Biskuitschichten einzeln gebacken und abwechselnd schichtweise dünn mit Buttercreme verbunden. Backen können Sie diese auf einer extra großen runden Platte oder auf dem Backblech mit einem ganz weit gestellten Tortenring als Begrenzung. Der Durchmesser der unteren Torte sollte etwa 12 cm größer sein als die darüberliegende. Diese Torte wird anschließend im Ganzen mit Buttercreme verkleidet.

Reich verzieren: mit Krokant, Schokolade oder Blüten. Die 2. Schicht könnte ein Sandkuchen (Seite 57) mit Trockenfrüchten sein (verspricht reichen Kindersegen), der ebenfalls mit Buttercreme überzogen wird. Diese in der normalen Springform backen (20–24 cm). Die 3., oberste Stufe kann z. B. aus einem Streifen Biskuitteig bestehen, den Sie ebenfalls dick mit Buttercreme bestreichen und anschließend aufrollen.

Das Garnieren dieser Torte ist Ihrer Fantasie überlassen. Es eignen sich aufgespritzte Buttercreme-Rosetten, evtl. frisches Obst (z. B. Erdbeeren), Blüten, Schokoladenspäne oder Krokant. Selbst herstellen oder beim Konditor beziehen lassen sich Rosen aus Marzipan (Seite 59) in hübschem Rosa, Lachs, Gelb, Beige oder Rot. Sollten Sie Marzipanfiguren beim Konditor bestellen, muss er Bescheid wissen, dass sie glutenfrei sein sollen. Besonders romantisch sieht es aus, wenn obenauf ein kleines Hochzeitspaar steht – sehen Sie hierfür einen Marzipandeckel vor. Stellen Sie die gesamte Torte in einem kühlen Raum her (vielleicht im Keller?). Rühren Sie anfangs genug Buttercreme an, da 2 verschiedene Touren evtl. unterschiedliche Farben haben. Wickeln Sie zum Transportieren und Servieren der Kreation ein ausreichend großes Brett mit Alufolie ein oder verwenden Sie einen großen Spiegel oder eine Servierplatte aus Metall. Als umliegende Garnitur eignen sich frische Rosen in der Farbe der übrigen Dekoration.

Die Torte auf einem Stufengestell. Möchten Sie auf Nummer sicher gehen, leihen Sie sich einfach ein spezielles Stufengestell beim Konditor. Darauf können Sie 3 – 4 Torten übereinanderstapeln. Überlegungen, welche Torte die größte Tragfähigkeit hat, fallen so schon einmal weg. Schauen Sie sich das Gestell rechtzeitig vorher an, damit Sie Kuchen in der richtigen Größe backen. Diese Methode ist ideal für alle, die keine Buttercremetorten herstellen möchten, denn hier können Sie auch mit zarten Sahnetorten arbeiten.

Eine Hochzeitstorte macht sicher viel Arbeit, ist aber ein ideales Geschenk und bleibt immer unvergesslich. Ein Stück friert das Brautpaar ein und isst es gemeinsam zum ersten Jahrestag.

Kuchen : Apfelstrudel

◂ Den Teig mit den Händen 10 Min. lang kneten, damit er elastisch wird. Ist der Teig zu trocken, teelöffelweise Wasser zugeben.

◂ Den Teig zu einer Kugel formen, in Folie wickeln und mindestens 20 Min. ruhen lassen.

◂ Ein sauberes Küchenhandtuch ausbreiten und den Teig darauf hauchdünn ausrollen.

◂ Den Strudel vorsichtig mithilfe des Tuches aufrollen und mit der Naht nach unten auf das Backblech gleiten lassen.

Nudelteig ist Strudelteig
Apfelstrudel

10 Portionen • braucht etwas mehr Zeit
⏲ 1 Std. + 50 Min. Backzeit

1 Rezept Nudelteig (Seite 106) • ca. 600 g Äpfel • Zitronensaft • 50 g Rosinen • 2 EL Rum • 30 g weiche Butter • 2 EL glutenfreie Semmelbrösel • 2 EL Zimt-Zucker-Gemisch • 3 EL gehackte Nüsse oder Mandeln • während des Backens 50 g Butter • 100 ml Milch

● Den Nudelteig nach Anleitung zubereiten und in Folie gepackt ruhen lassen. Ein Backblech mit Backpapier auslegen.

● Äpfel schälen, entkernen und in sehr feine Scheibchen schneiden. Sofort mit Zitronensaft beträufeln, damit die Äpfel nicht braun werden. Rosinen in Rum einweichen. Den Backofen auf 160 Grad vorheizen.

● Den Teig auf einem leicht bemehlten Tuch hauchdünn ausrollen. Die Teigplatte mit weicher Butter bestreichen, Semmelbrösel und die Zimt-Zucker-Mischung aufstreuen. Darauf die Apfelscheibchen, die marinierten Rosinen und die Nüsse verteilen.

● Den Strudel vorsichtig mithilfe des Tuches aufrollen und mit der Naht nach unten auf das Backblech gleiten lassen. Den Apfelstrudel im heißen Backofen auf der mittleren Schiene ca. 50 Min. hellbraun backen. Alle 10 Min. den Strudel mit zerlassener Butter und Milch oder Sahne im Wechsel einstreichen.

Das passt dazu Köstlich mit Vanillesauce, Vanillesahne oder mit selbst gemachtem Vanilleeis (Seite 142)!

Nährwerte pro Portion
277 kcal • 3 g E • 13 g F • 36 g KH

Kuchen : Datschi, Käsekuchen

Heiß geliebt im Spätsommer
Zwetschgendatschi

16 – 20 Stücke • braucht etwas mehr Zeit
◷ 1 Std. + 50 Min. Backzeit

20 g frische Hefe (½ Würfel) • 100 g Zucker • 1 kg Zwetschgen • 500 g Grundmehlmischung (Seite 100) • 10 g Xanthan oder Guarkernmehl • ½ TL gemahlene Vanille • 1 Prise Salz • 80 g Butter • 300 ml Milch • 2 Eier (Gr. M) • 50 g Kartoffelmehl
Für die Streusel: 160 g flüssige Butter • 250 g Grundmehlmischung (Seite 100) • 100 g gemahlene Mandeln • 200 g Zucker • 1 Pr. Salz

● Die frische Hefe mit 1 TL Zucker flüssig rühren. 15 Min. stehen lassen, bis sich feine Bläschen gebildet haben.

● Zwetschgen waschen, zur Hälfte aufschneiden, entkernen und an den Spitzen einschneiden. Mehlmischung, Verdickungsmittel, Zucker, Vanille und Salz vermischen. Die Hefe zugeben. Butter zerlassen, Milch zugeben und leicht erwärmen. Flüssigkeit mit dem Mehlgemisch verkneten, Eier mit dem Knethaken des Handrührgeräts unterrühren. Den Teig zugedeckt 45 Min. gehen lassen.

● Ein Backblech mit Backpapier auslegen. Den Backofen auf 175 Grad vorheizen. Den Teig mit etwas Mehlmischung aufkneten und auf dem Backblech gleichmäßig ausrollen. Die Zwetschgen dachziegelartig darauf verteilen.

● Für die Streusel Mehl, Mandeln, Zucker und Salz mit der flüssigen Butter übergießen und mit den Händen Streusel auf den Pflaumen verteilen. Den Kuchen 50 Min. backen.

Nährwerte pro Stück à 100 g
238 kcal • 3 g E • 6 g F • 42 g KH

Schnell gerührt und superlecker
Käsekuchen

12 Stück • preisgünstig
◷ 15 Min. + 1 Std. Backzeit

5 Eier (Gr. M) • 250 g Butter • 250 g Zucker • 1 Päckchen Vanillezucker • 1 kg Magerquark • Saft und abgeriebene Schale von ½ Zitrone • 2 Päckchen Puddingpulver Vanille • 1 Prise Salz

● Den Boden einer Springform (28 cm Durchmesser) mit Backpapier auslegen und den Rand leicht einfetten. Den Backofen auf 175 Grad (Umluft 160 Grad) vorheizen.

● Die Eier trennen. Butter mit Zucker und Vanillezucker cremig rühren, Eigelbe hinzufügen. Wenn die Masse nicht mehr körnig ist, den Quark und die abgeriebene Zitronenschale unterrühren. Puddingpulver hinzufügen.

● Eiklar mit Salz und Zitronensaft zu festem Schnee aufschlagen und unter die Quarkcreme ziehen. Den Teig in die Form füllen und glatt streichen. Sofort in den Backofen geben und etwa 1 Std. backen.

● Dann den Backofen ausschalten und einen Spalt breit öffnen. Den Kuchen im Backofen abkühlen lassen und anschließend vorsichtig aus der Form lösen.

Variante Die Quarkmasse kann auch mit Obst in einer großen Auflaufform gebacken und warm als süße Hauptspeise gegessen werden.

Nährwerte pro Stück à 120 g
440 kcal • 12 g E • 29 g F • 32 g KH

❯❯ Zwetschgendatschi

Datschi, Käsekuchen : Kuchen 71

Kuchen : Obsttorte

Da bleibt garantiert nichts übrig
Erdbeer-Kuppel-Torte

16 Stück • gelingt leicht
⏱ 45 Min. + 25 – 30 Min. Backzeit

Für den Biskuit:
- 5 Eier
- 5 EL heißes Wasser
- 150 g Zucker
- 1 Prise Salz
- 150 g Grundmehlmischung (Seite 100)
- 1 TL Backpulver

Für die Füllung:
- 750 g Erdbeeren
- 400 g Schlagsahne
- 2 Päckchen Vanillezucker
- 3 g Guarkernmehl (z. B. Bindobin)
- 4 EL Schokoraspel (glutenfrei)
- 250 g Magerquark
- 3 EL Puderzucker

● Einen Springformboden einfetten. Die Eier trennen. Eigelb mit 5 EL heißem Wasser und dem Zucker schaumig schlagen. Eiklar mit Salz zu festem Schnee aufschlagen. Mehlmischung und Backpulver vermischen.

● Den Ofen auf 175 Grad (160 Grad) vorheizen. Eigelbmasse, Eischnee und Mehlgemisch vorsichtig mit einem Schneebesen untereinanderheben, in die Form füllen und 25 – 30 Min. backen. Auf einem Kuchengitter gründlich auskühlen lassen.

● Für die Füllung die Erdbeeren waschen und putzen. Etwa ⅓ schöne, nicht zu große Erdbeeren halbieren und beiseitelegen. Den Biskuitboden vorsichtig aushöhlen und zerkrümeln – es sollte ein stabiler Rand stehen bleiben sowie ein etwa ½ cm dicker Boden.

● Schlagsahne mit Vanillezucker und Bindobin steif schlagen. Die Erdbeeren in kleine Stücke schneiden. Kuchenkrümel, 3 EL der Schokoraspel und die Erdbeerstücke vorsichtig unter die Sahne heben. Die Füllung sofort in den Biskuitboden füllen und hügelartig verteilen.

● Quark mit Puderzucker glatt rühren und die Erdbeerkuppel damit bestreichen. Die Erdbeerhälften auf den verbliebenen Biskuitrand setzen. Die restlichen Schokoraspel über die Torte streuen.

Nährwerte pro Stück à 100 g
195 kcal • 5 g E • 10 g F • 21 g KH

Obsttorte : Kuchen

Teilchen, Gebäck, Süßes

Saftig und herrlich schokoladig
Brownies

1 rechteckige Auflaufform • gelingt leicht
⏲ 15 Min. + 25 Min. Backzeit

150 g Zartbitterschokolade (glutenfrei) • 60 ml Öl • 2 Eier • 50 g Zucker • 1 EL Vanillezucker • 1 Pr. Salz • 50 g Zuckerrübensirup • 75 g Grundmehlmischung (Seite 100) • 10 g Kakaopulver • 50 g gehackte Haselnüsse

● Schokolade zusammen mit dem Öl im Wasserbad schmelzen und auf Handwärme abkühlen lassen. Eine rechteckige Auflaufform (20 cm × 30 cm) mit Backpapier auslegen.

● Den Backofen auf 180 Grad (Ober-/Unterhitze) vorheizen. Eier trennen. Eiweiß mit Zucker, Vanillezucker und Salz zu einem festen Schnee schlagen. Eigelbe und Zuckerrübensirup einrühren, dann die abgekühlte Schokoladenmasse. Grundmehlmischung und Kakao mischen und unterziehen, die gehackten Nüsse bis auf 2 EL unterrühren.

● Den Teig gut daumenhoch in die Form füllen und mit den restlichen Haselnüssen bestreuen. Die Brownies auf der mittleren Schiene 20–25 Min. backen, vor dem Anschneiden 15 Min. in der Form abkühlen lassen. Die Brownies sind innen weich, leicht klebrig und herrlich schokoladig!

Nährwerte pro Portion
430 kcal • 6 g E • 25 g F • 43 g KH

Schmackofatz
Schokomuffins

12 Stück • gelingt leicht
⏲ 20 Min. + 30 Min. Backzeit

80 g Zartbitter-Kuvertüre • 20 g Kokosfett • 120 g Kartoffelmehl • 60 g gemahlene Mandeln • ½ TL gemahlene Vanille • 1 Pr. Salz • ½ Päckchen Backpulver (glutenfrei) • 100 g Butter • 100 g Zucker • 1 Ei (Gr. M) • 4 EL Schokolade (grob gehackt oder Schokostreusel, glutenfrei)

● Ein Muffinblech einfetten oder mit Papierförmchen auslegen. Den Backofen auf 175 Grad (Umluft 160 Grad) vorheizen. Die Kuvertüre und das Kokosfett im Wasserbad schmelzen. Kartoffelmehl, Mandeln, Vanille, Salz und Backpulver trocken vermischen.

● Butter, Zucker und das Ei cremig rühren, die geschmolzene Kuvertüre und das Mehlgemisch unterrühren. Zuletzt die gehackte Schokolade unterheben. Den Teig in die Förmchen füllen und im heißen Ofen etwa 30 Min. backen.

Laktose-Tipp Laktosefrei, wenn laktosefreie Schokolade verwendet wird (Edelbitter oder Minus-L-Vollmilch).

Variante Mit 2 EL Rum oder Amaretto im Teig sind die Schokomuffins besonders gut.

Nährwerte pro Stück
221 kcal • 2 g E • 14 g F • 21 g KH

Ideal für Gemüsemuffel
Zucchinimuffins

12 Stück • gelingt leicht
⊘ 15 Min. + 30 Min. Backzeit

2 Eier • 100 g Rohrzucker • 60 ml Öl • 2 EL Joghurt • ½ TL Salz • 100 g Grundmehlmischung (Seite 100) • 100 g Teffmehl • 75 g Mandeln (gemahlen) • ½ Päckchen Backpulver • ½ TL Natron • 1 TL Zimt • 250 g Zucchini • 3 EL Schokoladenraspel (glutenfrei)

● Ein Muffinblech mit Papierförmchen auslegen. Den Backofen auf 175 Grad (Umluft 160 Grad) vorheizen. Eier, Zucker, Öl, Joghurt und Salz verrühren.

● Mehle, Mandeln, Backpulver, Natron und Zimt mischen und esslöffelweise unter die Eicreme rühren. Die Zucchini fein raspeln und mit den Schokoraspeln unterheben. Die Muffins im heißen Backofen 30 Min. backen. Nach Belieben mit einem Tupfer zerlassene Schokolade garnieren.

Variante Für pikante Zucchinimuffins 1 TL Zucker, geriebenen Käse, etwas Paprika und getrocknete Kräuter verwenden.

Nährwerte pro Stück à 60 g
200 kcal • 5 g E • 11 g F • 24 g KH

Orangen-Hirse-Waffeln

Unverzichtbar – ein Waffeleisen

10 Stück • laktosefrei
⊘ 15 Min. + 15 Min. Quellzeit
+ 3 Min. Backzeit

150 g Butter • 150 g Zucker • 1 Prise Salz • 4 Eier (Gr. M) • Saft und abgeriebene Schale von 1 Orange • 200 g Grundmehlmischung (Seite 100) • 50 g Hirseflocken • ½ Päckchen Backpulver • Puderzucker

● Butter und Zucker schaumig rühren, bis die Masse nicht mehr knirscht. Salz zugeben. Nacheinander die Eier unterrühren. Orangenschale und -saft hinzufügen. Grundmehlmischung, Hirseflocken und Backpulver mischen und löffelweise unterrühren. Den Teig etwa 15 Min. quellen lassen.

● Ein Waffeleisen vorheizen und leicht einfetten. Aus dem Teig portionsweise 10 Waffeln backen. Die Waffeln auf einem Kuchengitter abkühlen lassen und mit Puderzucker bestäubt servieren.

Nährwerte pro Stück à 75 g
290 kcal • 4 g E • 15 g F • 34 g KH

Bananen-Nuss-Muffins

Halten lange frisch

12 Stück • gelingt leicht
⊘ 10 Min. + 25 – 30 Min. Backzeit

2 reife Bananen • 60 g weiche Butter • 40 g Magerquark • 80 g Zucker • 3 Eier (Gr. M) • 100 g Grundmehlmischung (Seite 100) • 100 g Nüsse (oder Mandeln), gemahlen • ½ Päckchen Weinstein-Backpulver • 50 g Zartbitter-Kuvertüre • 12 Bananenchips

● Ein Muffinblech einfetten oder mit Papierförmchen auslegen. Den Backofen auf 175 Grad (Umluft 160 Grad) vorheizen. Die Bananen schälen und mit einer Gabel fein zerdrücken. Butter, Quark, Zucker und Eier cremig rühren. Grundmehlmischung, Nüsse und Backpulver mischen und unterrühren.

● Den Teig in die Formen verteilen und auf der mittleren Schiene 25 – 30 Min. backen. Die Muffins nach dem Backen sofort aus den Formen lösen. Kuvertüre schmelzen und jeweils einen Klecks auf die Muffins setzen und mit Bananenchips dekorieren.

Nährwerte pro Stück à 60 g
206 kcal • 4 g E • 12 g F • 24 g KH

Mandelwaffeln

Prima mit Vanilleeis

8 Stück • laktosefrei
⊘ 10 Min. + 15 Min. Quellzeit
+ 3 Min. Backzeit

3 Eier (Gr. M) • 50 g Butter • 2 EL Honig • 180 g Grundmehlmischung (Seite 100) • 50 g Mandeln (geschält und gemahlen) • 200 ml Sprudelwasser • 100 g Mandeln (gehackt) • Rum oder Amaretto

● Eier, Butter und Honig schaumig rühren. Grundmehlmischung und gemahlene Mandeln mischen und abwechselnd mit dem Sprudelwasser unterrühren. Zuletzt die gehackten Mandeln hinzufügen und nach Belieben etwas Rum oder Amaretto zugeben. Den Teig etwa 15 Min. quellen lassen.

● Ein Waffeleisen vorheizen und leicht einfetten. Nacheinander goldgelbe Waffeln backen und auf einem Kuchengitter leicht abkühlen lassen.

Variante Der Mandelgeschmack kommt noch besser zur Geltung, wenn die Mandeln vorher ohne Fett in einer Pfanne leicht angeröstet werden.

Nährwerte pro Stück à 85 g
220 kcal • 6 g E • 13 g F • 24 g KH

Teilchen, Gebäck, Süßes : Baisers, Hippen, Amerikaner

Zum Naschen für zwischendurch
Biskuitzungen

18 Stück • geht schnell
⏲ 10 Min. + 12 Min. Backzeit

2 Eier (Gr. M) • 60 g Zucker • 1 Prise Salz • 60 g Grundmehlmischung (Seite 100)

● Ein Backblech mit Backpapier auslegen. Den Backofen auf 175 Grad (160 Grad) vorheizen. Eier und Zucker cremig aufschlagen. Das Salz hinzufügen. Grundmehlmischung vorsichtig unter die Eischaummasse heben.

● Mit einem Esslöffel jeweils etwas Teig über die Seitenkante des Löffels – in Form länglicher Häufchen – auf das vorbereitete Blech geben. Ausreichend großen Abstand lassen. Die Biskuitzungen sofort im heißen Backofen etwa 12 Min. goldbraun backen.

● Biskuitzungen wenige Min. auf dem Blech abkühlen lassen. Dann vorsichtig vom Backpapier lösen und auf einem Kuchengitter vollständig abkühlen lassen. In einer gut schließenden Dose sind die Bisquitzungen mehrere Wochen haltbar.

Nährwerte pro 100 g
298 kcal • 8 g E • 6 g F • 54 g KH

Zergehen auf der Zunge
Baisers

10 Stück • laktosefrei
⏲ 10 Min. + 2 Std. Backzeit

2 Eiweiß • 1 Prise Salz • 125 g Zucker • 1 Päckchen Vanillezucker • 1 TL Zitronensaft

● Ein Backblech mit Backpapier auslegen. Den Backofen auf 120 Grad (Umluft 110 Grad) vorheizen. Eiweiß mit Salz aufschlagen. Wenn der Schnee fest wird, zwei Drittel des Zuckers und Vanillezucker einrieseln lassen und den Zitronensaft zugeben. So lange weiterschlagen, bis die Schaummasse zäh wird. Dann schnell den restlichen Zucker einrühren, der sich nicht ganz auflösen soll.

● Die Baisermasse in einen Spritzbeutel mit Sterntülle füllen und große Tupfen oder längliche Spiralen auf das Blech spritzen. Die Baisers im vorgeheizten Backofen etwa 1½ Std. trocknen lassen. Danach im abgeschalteten Backofen weitere 30 Min. trocknen lassen. Baisers dürfen nicht bräunen, sie sollten weiß bis gelblich sein.

Nährwerte pro Stück à 20 g
58 kcal • 1 g E • 0 g F • 14 g KH

Eiswaffeln selbst gebacken
Hippen

12 Stück • laktosefrei
⏲ 10 Min. + 2 Min. Backzeit

3 Eier (Gr. M) • 100 g Puderzucker • ½ TL gemahlene Vanille • 1 Prise Salz • 100 g Grundmehlmischung (Seite 100)

● Eier, Puderzucker und Vanille sehr schaumig rühren. Es entsteht eine hellgelbe Eicreme. Salz und Grundmehlmischung vermengen und löffelweise unterrühren. Ein Hippen- oder Oblateneisen mit flacher Backfläche aufheizen und leicht einfetten. Den Teig löffelweise goldbraun ausbacken.

● Die fertigen Oblaten sofort vom Eisen nehmen und mit den Fingerspitzen zu Tüten aufdrehen. Einen Moment lang festhalten, dann zum Auskühlen auf ein Kuchengitter setzen. (Die Hippen erstarren beim Abkühlen und lassen sich nachträglich nicht mehr formen.)

Tipp Für dieses Rezept wird unbedingt ein Oblaten- oder Hippeneisen benötigt. Ein herkömmliches Waffeleisen mit tiefem Muster ist nicht geeignet!

Nährwerte pro Stück à 30 g
78 kcal • 2 g E • 2 g F • 14 g KH

Auch als Teebrötchen bekannt
Amerikaner

16 Stück • laktosefrei
⏱ 15 Min. + 20 Min. Backzeit
(pro Blech)

100 g Butter • 100 g Zucker •
2 Eier (Gr. M) • 160 g Grundmehlmischung (Seite 100) •
40 g Hirsemehl • 1 Päckchen
Puddingpulver Vanille • 2 TL Weinstein-Backpulver • 200 g Puderzucker • 3 – 4 EL Zitronensaft

● 2 Backbleche mit Backpapier auslegen. Den Backofen auf 175 Grad
(Umluft 160 Grad) vorheizen. Butter,
Zucker und Eier cremig rühren.
Mehle und Pudding- und Backpulver
mischen und nach und nach unterrühren.

● Auf die Bleche mit nicht zu ge-
ringem Abstand 16 Teighäufchen
setzen. Die Amerikaner 20 Min.
auf der mittleren Schiene goldgelb
backen. Amerikaner nicht sofort vom
Blech nehmen, sondern kurz warten.
Anschließend auf einem Kuchengitter auskühlen lassen. Puderzucker
und Zitronensaft glatt rühren. Die
Glasur mit einem breiten Messer auf
die flache Unterseite der Amerikaner
streichen.

Nährwerte pro Stück à 45 g
180 kcal • 2 g E • 6 g F • 24 g KH

Leicht und knusprig
Windbeutel

12 Stück • braucht etwas mehr Zeit
⏲ 30 Min. + 30 Min. Backzeit

120 ml Wasser • 25 g Butter • ½ TL Salz • 1 TL Zucker • 80 g Grundmehlmischung (Seite 100) • 1 TL Guarkernmehl (z. B. Bindobin) • 3 – 4 Eier

● Den Backofen auf 200 Grad vorheizen. Das Backblech mit Backpapier auslegen. 120 ml Wasser mit Butter, Salz und Zucker in einem flachen, weiten Topf aufkochen. Die Grundmehlmischung und das Guarkernmehl gründlich mischen und mit einem Holzlöffel auf einmal in das kochende Wasser rühren. Weiterrühren, bis sich auf dem Topfboden ein weißer Belag bildet.

● Den Teigkloß in eine Rührschüssel geben und etwas abkühlen lassen. Dann jedes Ei einzeln gründlich unterrühren – das braucht Kraft! Nur so viele Eier zugeben, bis der Teig glänzt und beim Herausnehmen des Löffels Spitzen bildet. Achtung: Der Teig sollte nicht zu flüssig sein. Besser vom letzen Ei zunächst nur den Dotter einrühren.

● 12 Teighäufchen mit 2 angefeuchteten Esslöffeln auf das Backblech setzen. Die Windbeutel sofort auf der mittleren Schiene 30 Min. goldbraun backen. Zum Auskühlen und Füllen mit einer Schere aufschneiden. Sollen sie als Vorrat eingefroren werden, im Ganzen auskühlen lassen. Zum Servieren nach Belieben mit Sahne und Obst oder pikant füllen.

Tipp In den ersten 20 Min. auf keinen Fall die Ofentür öffnen – die Windbeutel fallen sonst zusammen.

Nährwerte pro Stück à 25 g
56 kcal • 2 g E • 3 g F • 6 g KH

Energiereserve zum Mitnehmen
Müsliriegel

24 Stück • laktosefrei
⏲ 30 Min. + 1 Std. Kühlzeit

100 g Sojaflocken • 100 g Naturreis-Flocken • 50 g glutenfreie Cornflakes • 50 g gepuffter Amaranth • 100 g Haselnüsse oder Sojakerne (gehackt) • 50 g Sonnenblumenkerne • 2 EL Kokosraspel • 1 EL Sesam • 50 g Butter • 100 g Rohrzucker • 100 g Honig • 1 TL Zitronensaft

● Eine flache, rechteckige Form mit Backpapier auslegen. Flocken, Cornflakes, Amaranth, Nüsse, Sonnenblumenkerne, Kokosraspel und Saaten gründlich mischen. In einem großen Kochtopf die Butter schmelzen, Zucker und Honig einrühren und leicht karamellisieren lassen. Zitronensaft hinzufügen.

● Die Flockenmischung auf einmal zugeben und mit einem Holzlöffel so lange rühren, bis alles gleichmäßig von der Karamellmasse überzogen ist. Die Masse in der vorbereiteten Form verteilen. Ein Stück Backpapier auflegen und mithilfe eines Küchenbrettchens auf etwa 2 cm Dicke zusammenpressen.

● Die Ränder, falls diese nicht an der Form anliegen, immer wieder zusammenschieben und wiederholt die Masse pressen. Alles abkühlen lassen und die Müsliplatte vorsichtig auf ein Brett stürzen. Mit einem scharfen Sägemesser in längliche Riegel schneiden.

Variante Probieren Sie die Müsliriegel auch einmal mit getrockneten Cranberries, anderen Nüssen oder variieren Sie die Flockenmischung.

Nährwerte pro Riegel à 30 g
132 kcal • 3 g E • 7 g F • 14 g KH

❯ Windbeutel

Windbeutel, Müsliriegel : Teilchen, Gebäck, Süßes

Zarter Hefeteig und kernige Füllung
Hefe-Nuss-Schnecken

12 Stück • braucht etwas mehr Zeit
⏲ 45 Min. + 1 Std. Ruhezeit + 20 Min. Backzeit

- ½ Würfel frische Hefe
- 100 g Zucker
- 500 g Grundmehlmischung (Seite 100)
- 10 g Xanthan oder Guarkernmehl
- ½ TL gemahlene Vanille
- 1 Prise Salz
- 80 g Butter

- 300 ml Milch
- 2 Eier (Gr. M)

Für die Füllung:
- 100 g gemischte Nüsse
- 30 g Butter
- 50 g Zucker
- ½ TL Zimt

- evtl. einige Rosinen
- Eigelb-Milch zum Bestreichen

Zum Bestreichen:
- 3 EL Puderzucker
- 1 TL Zitronensaft

● Die Hefe mit 1 TL Zucker flüssig rühren und stehen lassen, bis sich feine Bläschen bilden. Grundmehlmischung und das Verdickungsmittel sowie restlichen Zucker, Vanille und Salz mischen. Hefe auf das Mehlgemisch geben.

● Butter zerlassen, mit der Milch auffüllen und zusammen leicht erwärmen. Flüssigkeit mit dem Mehlgemisch verkneten Eier mit dem Knethaken des Handrührgeräts unterrühren. Den Teig zugedeckt 45 Min. gehen lassen.

● Ein Backblech mit Backpapier auslegen. Die Nüsse hacken. Den Teig nach dem Aufkneten auf einem weiteren Bogen Backpapier fingerdick rechteckig ausrollen. Die weiche Butter auf den Teig streichen. Zucker und Zimt mischen, aufstreuen und die Nüsse gleichmäßig darauf verteilen. Nach Geschmack einige Rosinen zugeben.

● Den belegten Teig mithilfe des Backpapiers vorsichtig von der Längsseite her aufrollen. Die Rolle in 3 cm dicke Scheiben schneiden. Diese flach auf das vorbereitete Backblech legen und leicht auseinanderdrücken. Die Teigscheiben mit in Milch verquirltem Eigelb bepinseln und weitere 15 Min. ruhen lassen.

● Den Backofen auf 200 Grad vorheizen. Die Schnecken im heißen Ofen auf der mittleren Schiene etwa 20 Min. goldbraun backen und zum Abkühlen auf ein Kuchengitter legen. Puderzucker und Zitronensaft zu einem dickflüssigen Guss verrühren. Die warmen Hefeschnecken damit bepinseln.

Laktose-Tipp Die Schnecken sind laktosefrei, wenn Sie laktosefreie Milch oder Sojamilch verwenden.

Nährwerte pro Stück à 100 g
375 kcal • 6 g E • 15 g F • 54 g KH

Aus saftigem Quark-Öl-Teig
Schoko-Nuss-Hörnchen

8 Stück • gelingt leicht
⏱ 1 Std. + 20 Min. Backzeit

- 250 g Grundmehlmischung (Seite 100)
- 1 TL Pfeilwurzelstärke
- 150 g Quark
- 6 EL Milch
- 6 EL Öl
- 1 Ei (Gr. M)

- 100 g Zucker
- ½ Päckchen Weinstein-Backpulver
- **Für die Füllung:**
- 50 g weiche Butter
- 1 Prise Salz
- 1 EL Kakao

- 1½ EL Honig
- 1 Päckchen Vanillezucker
- 100 g Haselnüsse (fein gemahlen)
- Milch zum Bestreichen

● Für den Teig Grundmehlmischung und Pfeilwurzelstärke mischen und 2 EL der Mehlmischung beiseitestellen. Quark, Milch, Öl und das Ei verquirlen. Zucker unterrühren und das Mehlgemisch samt Backpulver mit dem Knethaken des Handrührgeräts unterkneten. Den Teig in Folie wickeln und ½ Std. im Kühlschrank ruhen lassen.

● Für die Füllung alle Zutaten mit einer Gabel sorgfältig zu einer Creme zerdrücken. Je feiner die Nüsse gemahlen sind, desto feiner wird auch die Nusscreme.

● Ein Backblech mit Backpapier auslegen und den Backofen auf 175 Grad (Umluft 160 Grad) vorheizen. Den Teig nach der Ruhezeit auf der Arbeitsfläche aufkneten und zu einem Kreis von etwa 1 cm Dicke ausrollen. Das restliche Mehl zum Bestäuben benutzen, damit der Teig nicht klebt.

● Mit einer Teigkarte oder einem Messer die Teigplatte wie eine Torte in 8 Teile schneiden. Jeweils auf das breite Ende etwas Schoko-Nuss-Creme auftragen und die Teigstücke zu Hörnchen aufrollen. Beim Rollen den Teig zu den beiden äußeren Seiten leicht dehnen.

● Die Teighörnchen auf das vorbereitete Blech setzen. Mit Milch bestreichen und im heißen Backofen auf der mittleren Schiene etwa 20 Min. backen.

Variante Anstelle der Hörnchen können Sie auch aus dem Teig runde Platten ausstechen, diese mit Apfelmus füllen und zu Apfeltaschen zusammenklappen. Der saftig-süße Quark-Öl-Teig ist auch für Schnecken oder einen frischen Pflaumenkuchen geeignet.

Nährwerte pro Stück à 90 g
390 kcal • 6 g E • 22 g F • 42 g KH

Donuts

Fettarme Variante

12 Stück • geht schnell
⏱ 10 Min. + 20 Min. Backzeit

100 g Magerquark • 1 Ei (Gr. M) • 6 EL Öl • ½ Tasse Milch • 80 g Puderzucker • 1 Prise Salz • 180 g Grundmehlmischung (Seite 100) • 2 TL Weinstein-Backpulver

• Eine Donutsform (ähnlich wie ein Muffinblech, jedoch mit flachen Ringen) einfetten und den Backofen auf 175 Grad (Umluft 160 Grad) vorheizen. Quark, Ei, Öl, Milch, Zucker und Salz schaumig rühren. Mehlmischung mit dem Backpulver vermischen und unterrühren.

• Den Teig in einen Spritzbeutel mit Lochtülle füllen und als Ringe in die Formen spritzen. Die Donuts im heißen Backofen auf der mittleren Schiene etwa 20 Min. goldbraun backen.

Variante Für den Kindergeburtstag die Donuts mit Zuckerguss und glutenfreien bunten Streuseln lustig verzieren. Sehr schön sehen sie auch mit Schokoglasur in bunten Papiermanschetten aus.

Nährwerte pro Stück à 40 g (ohne Glasur)
130 kcal • 2 g E • 5 g F • 24 g KH

Schokocrossies

Mit zart schmelzender Schokolade

Für 10 – 12 Personen • preisgünstig
⏱ 30 Min. + 1 Std. Kühlzeit

200 g Vollmilchschokolade • 300 g Zartbitterschokolade • 25 g Kokosfett • 2 Päckchen Vanillezucker • 200 g glutenfreie Cornflakes

• Die Schokolade in kleine Stücke brechen und im Wasserbad schmelzen lassen. In die flüssige Schokolade das Kokosfett und den Vanillezucker rühren. Die Masse etwas abkühlen lassen. Danach die Cornflakes vorsichtig unterheben.

• Ein Tablett oder Backblech mit Backpapier auslegen und mit einem Teelöffel Häufchen auf das Blech setzen. Die Schokocrossies an einem kühlen Ort fest werden lassen.

Variante Heben Sie zusätzlich 50 g geröstete Mandelstifte unter – schmeckt superknackig-lecker!

Tipp Es darf kein Wasser in die Schokolade schwappen, sonst gerinnt die Masse und wird unbrauchbar.

Nährwerte pro 100 g
482 kcal • 6 g E • 24 g F • 60 g KH

Tartelettes

Aus knusprigem Mürbeteig

10 Stück • laktosefrei
⏱ 10 Min. + 15 – 20 Min. Backzeit

50 g Butter • 75 g Zucker • 1 Prise Salz • abgeriebene Schale von 1 Zitrone • 50 g Haselnüsse (gemahlen) • 150 g Grundmehlmischung (Seite 100) • 1 TL Pfeilwurzelstärke • 1 Ei (Gr. M)

• Alle Zutaten rasch zu einem festen Teig verkneten. Sollte der Teig zu krümelig sein, esslöffelweise Wasser zufügen, bis er sich gut kneten lässt. Den Teig in eine mit Backpapier ausgelegte Springform oder in gefettete Tartelette-Förmchen drücken. Im Backofen bei 175 Grad in 15 – 20 Min. goldbraun backen.

• Sofort aus der Form lösen und auf einem Kuchengitter abkühlen lassen. Nach Belieben vor oder nach dem Backen belegen.

Tipp Die Tartelettes in einer gut schließenden Dose aufbewahren und erst bei Bedarf belegen. Sie bleiben mindestens 2 Wochen frisch.

Nährwerte pro Stück ohne Belag
158 kcal • 3 g E • 8 g F • 19 g KH

❯ Donuts

Donuts, Tarteletts : Teilchen, Gebäck, Süßes

Italienisches Mandelgebäck
Cantuccini

Für 2 Backbleche • laktosefrei
30 Min. + 30 Min. Ruhezeit + 30 Min. Backzeit

200 g Grundmehlmischung (Seite 100) oder eine helle Fertigmehlmischung • 1 TL Backpulver • 175 g Rohrzucker • abgeriebene Schale von 1 unbehandelten Orange • 1 Pr. Salz • 4 EL Amaretto • 30 g Butter • 2 große Eier • 180 g Mandelkerne

• Aus den Zutaten, bis auf die Mandeln, einen Knetteig herstellen. Den Teig in Folie wickeln und im Kühlschrank mind. 30 Min. ruhen lassen.

• Mandeln mit heißem Wasser überbrühen und die Haut abziehen, dann die Mandelkerne halbieren. Nach der Ruhezeit die Mandelhälften unter den Teig kneten. Den Teig zu 2 fingerdicken Rollen formen und auf einem mit Backpapier ausgelegten Backblech im vorgeheizten Backofen bei 200 Grad (Ober-/Unterhitze) 15 Min. backen.

• Dann etwas abkühlen lassen, in dicke Scheiben schneiden, wieder auf das Backblech legen und weitere 10–15 Min. knusprig backen. Die Cantuccini auf einem Gitter auskühlen lassen und zur Aufbewahrung in eine gut schließende Blechdose füllen.

Variante Auch lecker mit Zimt anstelle der Orangenschale.

Tipp Das knusprige Mandelgebäck eignet sich hervorragend zu Kaffee oder Espresso als Abschluss eines Menüs.

Nährwerte pro Portion à 50 g
200 kcal • 4 g E • 9 g F • 24 g KH

Große, fudgy Cookies wie in Amerika
Schoko-Nuss-Cookies

18–21 Stück • gelingt leicht
20 Min. + 15 Min. Backzeit pro Blech

2 Eier • 120 g Zucker • 150 g brauner Zucker • 10 g Vanillezucker • 200 g weiche Butter • 300 g Grundmehlmischung (Seite 100) • ½ TL Backpulver (glutenfrei) • ½ TL Natron • 1 Prise Salz • 100 g gehackte Schokolade (glutenfrei) • 60 g gehackte Nüsse (z. B. Walnüsse)

• Den Backofen auf 175 Grad vorheizen. 2 Backbleche mit Backpapier auslegen. Alle Zutaten, außer Schokolade und Nüsse zu einem löffelfesten Teig »kneten« – dazu am besten eine Küchenmaschine oder das Handrührgerät mit Knethaken verwenden. Zuletzt die Schokostücke und die Nüsse untermischen.

• Mithilfe von 2 Esslöffeln tischtennisballgroße Kugeln in großem Abstand auf das Backblech setzen. Die Cookies im heißen Backofen auf der mittleren Schiene 12–15 Min. backen, bis die Cookies einen leicht braunen Rand haben, jedoch in der Mitte noch weich sind.

• Die Cookies sofort vorsichtig auf ein Gitter setzen und abkühlen lassen

Nährwerte pro 100 g
412 kcal • 3 g E • 22 g F • 50 g KH

❯ Cantuccini

Basics

Vielseitig einsetzbar
Polenta

Für 6 Personen • preisgünstig
⏲ 20 Min. + 20 Min. Quellzeit

1 l Gemüsebrühe • 250 g mittelgrober Maisgrieß (Polenta) • 1 EL Butter

● Gemüsebrühe aufkochen und den Grieß einrühren. Bei geringer Hitze 5 Min. unter Rühren köcheln lassen. Herd abschalten, aber den Topf auf der Platte stehen lassen. Die Butter unterrühren. Noch etwa 10 Min. weiterrühren und anschließend die Polenta bei geschlossenem Deckel ausquellen lassen.

Varianten
50 g Sahne und 1 Eigelb unterrühren und mit etwas Muskat abschmecken. Als Beilage z. B. zu Ragouts oder Fleischgerichten servieren.
Die Masse fingerdick auf ein mit Backpapier ausgelegtes Blech streichen. Tomatenmark daraufgeben und mit Käse bestreuen. Mit Oregano würzen und im Backofen überbacken.
Die Masse in eine mit Backpapier ausgelegte Kastenform füllen und vollständig erkalten lassen. Aus der Form stürzen, in Scheiben schneiden und in Butter braten.
Die Masse dünn auf ein nasses Brett streichen und erkalten lassen. Mit Ausstechern beliebige Formen herauslösen, auf ein Blech legen und mit Parmesan bestreuen. Im Backofen überbacken und mit fruchtigem Tomatensugo servieren.

Nährwerte pro 100 g
59 kcal • 1,3 g E • 1 g F • 10 g KH

Vielseitig einsetzbar
Kartoffelschnee

Für 1 Person • preisgünstig
⏲ 30 Min.

200 g Kartoffeln (mehlig kochend) • ½ TL Salz

● Die Kartoffeln gründlich waschen und in der Schale in Salzwasser kochen. Heiß pellen und sofort durch eine Presse drücken.

Varianten
Mit heißer Milch oder auch heißer Buttermilch und 1 TL Butter zu Kartoffelbrei rühren. Mit Muskat abschmecken.
Mit 1 Eigelb verrühren und mit dem Spritzbeutel auf ein Backblech kleine Krönchen spritzen. Bei 220 Grad (Umluft 200 Grad) backen.
Mit 2 EL Quark und 1 Ei verrühren und mit Salz, Pfeffer und Muskat abschmecken. Mit feuchten Händen flache Kartoffelplätzchen formen und in heißem Fett in der Pfanne braten.
400 g rohe Kartoffeln fein reiben und gut in einem Tuch ausdrücken. Mit dem Kartoffelschnee mischen, 1 Ei zufügen und mit Salz abschmecken. Mit feuchten Händen Knödel formen und in siedendem Salzwasser gar ziehen lassen. Sollte der Knödelteig nicht fest genug sein, etwas Pfeilwurzelstärke oder Kartoffelmehl einarbeiten.
Als Zugabe zu Brot- und Gebäckteigen wie in einigen Rezepten beschrieben.

Nährwerte pur pro 100 g
76 kcal • 2 g E • 0 g F • 16 g KH

Passt gut zu Lauch, Kohlrabi oder Blumenkohl
Helle Grundsauce

Für 4 Personen • preisgünstig
⏱ 10 Min.

40 g Butter • 1½ EL Maisstärke oder Kartoffelmehl • ⅛ l Fleisch- oder Gemüsebrühe • ⅛ l Milch • Salz • Pfeffer, frisch gemahlen • Muskatnuss, frisch gerieben

- Butter in einem Topf schmelzen lassen. Die Stärke zugeben und leicht anschwitzen, ohne zu bräunen.

- Brühe und Milch erhitzen, mischen und nach und nach damit die Mehlschwitze ablöschen. Dabei mit dem Schneebesen kräftig rühren, damit die Sauce glatt wird. Anschließend mit Salz, Pfeffer und Muskat abschmecken.

Variante Helle Ragoutsauce Das Fleisch anbraten, aus der Pfanne nehmen und die Stärke im Fleischsaft anschwitzen. Mit Sahne ablöschen und evtl. mit etwas Zitronensaft abschmecken.

Variante Dunkle Sauce zu Fleisch Färben Sie die helle Sauce mit Zuckercouleur. (Achtung: Eine sehr kleine Menge färbt bereits intensiv dunkelbraun.) Fleisch in heißem Fett kräftig anbraten. Zwiebeln und klein gewürfelte Karotten zugeben (nach Geschmack 1 EL Tomatenmark hinzufügen). Wenn sich ein brauner Belag bildet, kaltes Wasser angießen. Fleisch zugedeckt schmoren lassen und immer wieder Wasser zugeben. Ist das Fleisch gar, den Fond durch ein Haarsieb streichen, zurück in den Topf geben, mit etwas Wasser auffüllen und kräftig abschmecken. 1 TL Speisestärke in kaltem Wasser auflösen und in die kochende Sauce rühren.

Nährwerte pro Portion
100 kcal • 1,3 g E • 9 g F • 5 g KH

Wunderbares Aroma
Tomatensauce

4 Personen • laktosefrei
⏱ 15 Min. + 1 Std. 10 Min. Garzeit

200 g Karotten • 1 rote Zwiebel • 150 g Staudensellerie • 1 Knoblauchzehe • 2 EL Olivenöl • 500 g Tomaten • 1 Lorbeerblatt • 1 TL Oregano oder wilder Majoran • Salz • Pfeffer, frisch gemahlen • 1 EL brauner Zucker

- Karotten, Zwiebel, Staudensellerie und Knoblauch putzen, schälen, sehr fein würfeln. Das Gemüse im Olivenöl sehr langsam weich dünsten. Die Tomaten kreuzweise einritzen und mit kochendem Wasser überbrühen. Die Tomaten kalt abschrecken, häuten, entkernen und grob hacken.

- Das Tomatenfruchtfleisch und die Gewürze zum Gemüse geben. Alles bei mittlerer Hitze weitere 30–45 Min. köcheln lassen. Zuletzt das Lorbeerblatt entfernen und die Sauce nochmals pikant mit etwas Zucker abschmecken.

Variante Für eine fruchtige Tomatensuppe die Sauce mit ¼ l Gemüsebrühe aufgießen, pürieren und mit Oregano abschmecken.

Tipp Die Mischung aus Karotten, Zwiebel und Staudensellerie nennt man in Italien Soffritto. Soffritto ist eine vegetarische italienische Grundzutat für Saucen, Fleischgerichte und Suppen. Die Mischung schmeckt wunderbar aromatisch und ist eine fettarme, aber aromareiche Grundlage für viele mediterrane Gerichte. Sie können damit auch Fleisch, Kalamares oder Brathähnchen füllen.

Nährwerte pro Portion
89 kcal • 3 g E • 4 g F • 10 g KH

Herrlich zu Currys oder auch nur zu Brot
Apfel-Tomaten-Chutney

Mehrere Gläser für den Vorrat • laktosefrei
🕐 20 Min. + 1 Std. Garzeit

1 kg Äpfel • 3 Paprikaschoten • 200 g Petersilienwurzel • 1,5 kg Tomaten • 500 g kleine Zwiebeln • 1 unbehandelte Zitrone • 250 g Rosinen oder Trockenfrüchte • ¼ l Essig • 2 EL Salz • 2 EL Ingwer • 250 g Zucker oder Ahornsirup

● Äpfel, Paprika und Petersilienwurzel waschen. Die Tomaten mit kochendem Wasser überbrühen, häuten und grob würfeln. Äpfel entkernen, Zwiebeln abziehen und beides würfeln. Paprikaschoten entkernen und klein schneiden. Zitrone samt Schale würfeln.

● Das Gemüse, die Äpfel, die Zitrone, Rosinen, Essig und Salz in einen Kochtopf geben und mit wenig Wasser zum Kochen bringen. Ingwer und den Zucker bzw. den Ahornsirup dazugeben, weiterrühren, abschmecken und auf kleiner Flamme 1 Std. köcheln lassen, dabei ab und zu umrühren. Das Chutney sofort in heiß ausgespülte kleine Einmachgläser füllen und verschließen.

Tipp Gläser und Deckel von Einmachgläsern reinigt man vor dem Einkochen mit heißem Wasser und Spülmittel. Im Backofen trocknen sie in wenigen Min. bei 100 Grad vollständig aus. Damit das Glas beim Einfüllen durch die Hitze nicht springt, wird es auf ein nasses Tuch gestellt.

Nährwerte pro Portion à 60 g
55 kcal • 1 g E • 0 g F • 12 g KH

Aromatische Würzpaste
Ajvar

Mehrere Gläser für den Vorrat • laktosefrei
🕐 30 Min. + 20 Garzeit

2 rote Paprikaschoten • 1 kleine Aubergine • Salz • 1 kleine rote Zwiebel • 1 Knoblauchzehe • 1 kleine rote Peperoni • Saft von 1 Zitrone • ½ TL brauner Zucker • schwarzer Pfeffer, frisch gemahlen

● Den Backofen auf 240 Grad (Ober-/Unterhitze) vorheizen. Paprikas und Aubergine im heißen Backofen ca. 10 Min. rösten. Die Aubergine mit Salz bestreuen und unter einem Tuch einige Min. ruhen lassen.

● Die Paprikaschoten abziehen und entkernen. Wenn die Aubergine etwas Wasser gezogen hat, die schwarze Haut abziehen. Paprika- und Auberginenfleisch, Zwiebel, Knoblauchzehe, entkernte Peperoni und Zitronensaft pürieren.

● Das Püree in einem Topf mit 50 ml Wasser und Zucker verrühren, aufkochen und unter ständigem Rühren bei mittlerer Hitze einkochen, bis keine Flüssigkeit mehr obenauf steht (ca. 10 Min.). Zuletzt mit Salz und etwas schwarzem Pfeffer abschmecken.

● Das Ajvar kochend heiß in saubere Marmeladengläser füllen, zuschrauben und auf dem Kopf stehend abkühlen lassen. So ist die Würzpaste mehrere Wochen haltbar.

Das passt dazu Die Paste eignet zum Würzen von Balkangerichten und auch als Brotaufstrich.

Nährwerte pro Portion à 60 g
19 kcal • 1 g E • 0 g F • 3 g KH

Sauerbraten ist köstlich
Sauerbratenmarinade

Für 1 kg Fleisch • gelingt leicht
🕐 20 Min. + 2 – 3 Tage Ziehzeit

¼ Stange Lauch • 1 kleine Karotte • ¼ l Essig • l Wasser • 2 Nelken • 1 Lorbeerblatt • 3 – 4 Senfkörner • 3 – 4 Wacholderbeeren • Salz

● Lauch putzen, abspülen und in feine Ringe schneiden. Karotte schälen und würfeln. Alle Zutaten für die Marinade in einem Topf zusammen aufkochen und wieder abkühlen lassen.

● Bratenfleisch (bis 1 kg) in die Marinade einlegen und für 2 – 3 Tage im Kühlschrank kühl stellen. Die Marinade später durch ein Sieb gießen und zum Auffüllen der Bratensauce verwenden.

Tipp Fleisch oder Fisch zu marinieren, ob mediterran mit Kräutern, fruchtig mit Zitrone oder deftig mit Senf – der Aufwand lohnt sich. Zu Lamm passt Knoblauch, Zwiebelsaft und frische Pfefferminze, rotes Fleisch verträgt Rosmarin und zu Fisch passt Zitrone, Thymian oder Dill. Experimentieren Sie ruhig – generell brauchen Sie eine Basis, die in der Regel aus Pflanzenöl besteht. Aber auch Rotwein oder (glutenfreies!) Bier machen Fleisch schön zart.

◂ Tomatenketchup

Schön fruchtig
Tomatenketchup

Für 16 Personen • laktosefrei
🕐 10 Min. + 35 Min. Garzeit

100 g Zwiebeln • 500 g reife Tomaten • 1 EL Pflanzenöl • 1 TL Salz • ½ TL Pfeffer (frisch gemahlen) • 1 Msp. Zimt (gemahlen) • 1 Prise Nelken (gemahlen) • 1 Prise Cayennepfeffer • 2 EL Zucker • 2 EL Obstessig • 1 EL Tomatenmark

● Zwiebeln abziehen, halbieren und in dünne Scheiben schneiden. Die Tomaten waschen, den Stielansatz herausschneiden und in kleine Stücke schneiden. Öl erhitzen und die Zwiebeln darin glasig andünsten. Die Tomatenstücke zugeben und etwa 20 Min. mit andünsten. Die Masse pürieren oder durch ein feines Sieb streichen. Wieder in den Topf oder die Pfanne zurückgeben.

● Die Gewürze, den Zucker, den Essig und das Tomatenmark zufügen und das Ketchup unter ständigem Rühren noch mindestens 15 Min. einkochen lassen. Das Ketchup heiß in eine ½-l-Flasche füllen und sofort verschließen. Abkühlen lassen und im Kühlschrank lagern.

Variante Für Paprikaketchup zusätzlich 2 rote, in Stücke geschnittene Paprikaschoten mitdünsten und pürieren. Anstelle von Zimt und Nelkenpulver eignet sich edelsüßes Paprikapulver zum Würzen.

Tipp Falls Sie ein Thermo-Mix-Gerät besitzen, können Sie sich bei der Zubereitung des Ketchups einen Arbeitsgang sparen, da hier gleichzeitig zerkleinert, gerührt und erhitzt wird.

Nährwerte pro Portion à 30 g
18 kcal • 0,4 g E • 0,7 g F • 2 g KH

▲ Aioli

Klassisch ohne Ei
Aioli

10 Personen • preisgünstig
⏱ 20–30 Min.

4–6 Knoblauchzehen (nach Geschmack) • 100 ml Milch (evtl. laktosefrei) • ½ TL Salz • 200–250 ml Olivenöl (evtl. auch ein neutrales Öl)
nach Geschmack: Zitronensaft • Pfeffer • Senf

● Knoblauchzehen abziehen und klein schneiden. Milch, Knoblauch und Salz in einen hohen Rührbecher geben. Alles mit einem Pürierstab mixen, bis der Knoblauch stark zerkleinert und die Milch schaumig ist. In kleinen Mengen nach und nach das Öl zugeben und ständig weiterpürieren.

● Die Aioli wird dicker, ähnlich Mayonnaise, wenn genug Öl zugegeben ist und ausreichend lange gemixt wurde – dann mit Zitronensaft und Pfeffer würzen. Wird Senf zugegeben, bleibt die Aioli nicht mehr so weiß.

Nährwerte pro Portion à 30 g
185 kcal • 1 g E • 20 g F • 1 g KH

Meditteran
Olivencreme

300 g • geht schnell
⏱ 10 Min.

60 g Pinienkerne • 2 Sardellenfilets • 200 g grüne entsteinte Oliven • 50 ml Olivenöl • frische Petersilienblättchen

● Alle Zutaten in einen hohen Rührbecher geben und mit einem Pürierstab zu einer feinen Creme verarbeiten. Diese auf frischem, glutenfreiem Baguette oder zur Bruschetta als Vorspeise mit Antipasti anbieten.

Nährwerte pro Portion à 25 g
132 kcal • 1 g E • 13 g F • 2 g KH

Tipp Besser als ein Pürierstab ist der Mixaufsatz der Küchenmaschine, da hier die Betriebsdauer nicht begrenzt ist (viele Pürierstäbe sollte man nicht durchgehend mehr als 3–4 Min. benutzen).

Lecker zu Hähnchenfleischspießen
Erdnusssauce

Für 2 Personen • laktosefrei
⏱ 5 Min. + 10 Min. Garzeit

2 Knoblauchzehen • 2 Zwiebeln • 3 EL Öl • 1 Prise Zimt • 1 Prise Pfeffer • 1 Prise Salz • 1 TL Zitronensaft • 75 g Erdnussbutter • 2 EL Sojasauce (unbedingt glutenfrei gekennzeichnete Sorte wählen!)

● Knoblauch und Zwiebeln abziehen, sehr fein würfeln und im heißen Öl glasig dünsten. Gewürze und Zitronensaft zugeben und alles unter Rühren schmoren. Erdnussbutter dazugeben und mit 125 ml Wasser glatt rühren. Cremig einkochen lassen. Zuletzt mit der Sojasauce abschmecken.

Nährwerte pro Portion à 125 ml
350 kcal • 10 g E • 29 g F • 12 g KH

Gar nicht schwer, selber zu machen
Mayonnaise

10 Personen • preisgünstig
⏱ 10 Min.

1 Eigelb • ½ TL Salz • 1 TL Senf • 1 TL Zucker • 1 EL Essig oder Zitronensaft • ¼ l Öl

● Das Eigelb mit Salz, Senf, Zucker und Essig mit dem Quirl des Handrührgeräts vermischen. Auf höchster Stufe weiterrühren und zunächst tröpfchenweise, später langsam fließend Öl einrühren. Achtung: Wird das Öl zu schnell hinzugefügt, gerinnt die Mayonnaise.

● Das Rezept ergibt etwa 300 g Mayonnaise, die sich auch zum Füllen und Garnieren eignet. Für Salate wird die Mayonnaise mit etwas Kondensmilch oder Brühe verdünnt.

Variante Mit etwas Tomatenmark wird aus der Mayonnaise eine frische Cocktailsauce. Mischen Sie frische, fein gehackte Kräuter unter, haben Sie eine herrliche Sauce zum Dippen.

Nährwerte pro Portion à 25 g
238 kcal • 0,4 g E • 26 g F • 0,5 g KH

Grundzutat für den Gewürzschrank
Suppengewürz

Für 20 Portionen • braucht etwas Zeit
⏱ 15 Min.

50 g Sellerie • 50 g Tomate • 50 g Karotte • 50 g Blumenkohl • 50 g Zwiebel • 50 g Petersilie • 50 g Salz • 1 Msp. Muskatnuss, frisch gerieben • etwas Pfeffer, frisch gemahlen • 1 – 2 EL Hefeflocken • 50 ml Pflanzenöl

● Das Gemüse putzen, abspülen und mit Küchenkrepp trocken tupfen. Grob zerkleinern, in einen Mixer geben und sehr fein hacken. Die Gewürze und das Öl zufügen und alles gründlich vermischen. Die Masse in Schraubgläschen füllen und im Kühlschrank aufbewahren oder in einer Eiswürfelschale tiefkühlen.

Variante So bereiten Sie eine »Heiße Tasse« zu: Ein Ei verquirlen und nach Belieben etwas Muskat zugeben. 2 – 3 TL Suppengewürz in eine hohe Bechertasse (300 ml) geben und mit kochendem Wasser aufgießen. Sofort das Ei einrühren. Die fertige Suppe mit Schnittlauch bestreuen und genießen.

Nährwerte pro TL
7 kcal • 0,1 g E • 0,6 g F • 0,1 g KH

Basics : Marinaden

Eignet sich gut für Geflügelfleisch
Pikante Honigmarinade

Für 4 Personen • preisgünstig
⏱ 5 Min. + 1 – 2 Std. Ziehzeit

4 EL Erdnuss- oder Sojaöl • 4 EL flüssiger Honig • 1 EL Zitronen- oder Orangensaft • Salz • Chilipulver oder -paste • Pfeffer • 1 Knoblauchzehe

● Alle Zutaten gründlich vermischen, Knoblauchzehe dazupressen. Fleischstücke einstreichen oder dünne Streifen oder Würfel in die Marinade einlegen.

● Mindestens ½ Std., besser einige Std. ziehen lassen. Puten- oder Hähnchenbrustwürfel können nach dem Marinieren gut auf Spieße gesteckt und dann gegrillt oder gebacken werden.

Lecker zu Koteletts und Hähnchen
Grill-Gewürz-Marinade

Für 4 Personen • geht schnell
⏱ 5 Min. + 1 Std. Ziehzeit

½ Zwiebel • 3 – 4 EL Pflanzenöl • ½ TL Salz • Pfeffer • 1 Lorbeerblatt • 1 TL gehackte Petersilie • Thymian (getrocknet) • 1 TL Tomatenmark

● Zwiebel abziehen und fein würfeln. Alle Zutaten mit einem kleinen Schneebesen vermischen und gut durchrühren. Das Grillfleisch mit der Marinade bestreichen und mindestens 1 Std. ziehen lassen.

Passt immer
Einfache Salatsauce

Für 4 Personen • geht schnell
⏱ 5 Min.

3 – 5 EL Pflanzenöl • 2 – 3 EL Wasser (bzw. Brühe oder Sprudelwasser) • 1 – 2 EL Essig oder Zitronensaft • 2 TL gehackte Kräuter • Salz • Pfeffer, frisch gemahlen • etwas Zucker oder Süßstoff • evtl. Knoblauch oder fein geriebene Zwiebel • ½ TL Senf • 1 – 2 EL Sahne oder Joghurt

● Alle Zutaten mit einem kleinen Quirl gut miteinander verrühren. Die Sauce nach Belieben abschmecken und mit etwas Joghurt oder Sahne verfeinern.

Nährwerte pro Portion à 30 g
92 kcal • 0,2 g E • 10 g F • 1 g KH

❯ Pikante Honigmarinade

Marinaden : Basics 99

Wunderbare Suppengrundlage
Gemüsebrühe

Für 8 Personen • gelingt leicht
◷ 10 Min. + 1 Std. Garzeit

1 kg Gemüse (Karotten, Sellerie, Zwiebeln/Lauch, aber auch Blumenkohl, Kohlrabi, Broccoli etc.) • 4 EL Öl • 1 Lorbeerblatt • Pfefferkörner • Pimentkörner • Nelken • Salz

● Gemüse putzen und abspülen. Wurzelgemüse grob zerkleinern und im heißen Öl andünsten. Restliches Gemüse oder Putzreste zufügen und alles anschwitzen, bis es aromatisch duftet. Gewürze, aber noch kein Salz hinzufügen und alles mit 2 l Wasser auffüllen.

● Die Brühe aufkochen und bei kleiner Hitze abgedeckt etwa 1 Std. köcheln lassen. Durch ein feines Sieb gießen und erst jetzt mit Salz würzen. Sie erhalten ein aromatische Brühe, die sich 3–4 Tage im Kühlschrank oder 3 Monate in praktischen Portionen tiefgekühlt hält.

Für viele Rezepte in diesem Buch
Grundmehlmischung

Für den Vorrat • gelingt leicht
◷ 3 Min.

250 g Maismehl • 250 g Reismehl • 1 kg Kartoffelmehl

● Maismehl, Reismehl und Kartoffelmehl gründlich vermischen und in ein gut schließendes Gefäß umfüllen.

● Diese Mehlmischung ist die Grundlage für viele leckere Rezepte in diesem Buch.

Nährwerte pro 100 g
343 kcal • 3 g E • 0,5 g F • 81 g KH

Besonders gut für Fischfilet
Mandelpanade

Für 4 Personen • geht schnell
◷ 5 Min.

1 kleines Ei • 2–3 EL glutenfreie Semmelbrösel • 3–4 EL Mandelblättchen

● Das zu panierende Fleisch oder Fischfilet kalt abspülen, trocken tupfen, würzen und in verquirltem Ei wenden. Die Semmelbrösel mit den zerdrückten Mandelblättchen mischen.

● Fleischstücke einlegen und die Panade gut andrücken. In heißem Fett bei mittlerer Hitze braten.

Variante Anstelle von Mandeln können Sie auch Kokosraspel verwenden (besonders geeignet für Fischfilet bzw. -spieße).

⬆ Ausbackteig

Ideal für Gemüse-Tempura
Ausbackteig

Für 4 Personen • gelingt leicht
⏲ 5 Min.

120 g Grundmehlmischung (Seite 100) • 6 – 8 EL Weißwein • 1 Prise Salz • 2 EL Öl • 2 Eiklar

● Grundmehlmischung in eine Schüssel geben. Mit dem Schneebesen den Wein unterrühren und das Salz hinzufügen. Tropfenweise das Öl einrühren. Eiklar zu Schnee schlagen und zuletzt unter den Teig ziehen. Frittierfett zum Ausbacken in einem Frittiertopf erhitzen, bis sich an einem Holzlöffelstiel Bläschen bilden.

● Die vorbereiteten Gemüse-, Fisch- oder Fleischstücke trocken tupfen und mit etwas Grundmehlmischung bestäuben. Auf eine große Gabel spießen und einzeln in den Ausbackteig tauchen. Nacheinander im heißen Fett bei nicht zu hoher Temperatur goldbraun ausbacken.

Ideal für zartes Hähnchenfleisch
Cornflakespanade

Für 4 Personen • gelingt leicht
⏲ 5 Min.

1 kleines Ei • 2 – 3 EL Kartoffelmehl •
2 – 3 EL glutenfreie Cornflakes

● Das zu panierende Fleisch nach Belieben würzen. Einzeln zuerst in verquirltem Ei wenden, anschließend in Kartoffelmehl. Überschüssiges Mehl abklopfen und das Fleisch nochmals kurz im Ei wenden.

● Zuletzt in die zerdrückten Cornflakes legen und diese gut andrücken. In heißem Fett bei nicht zu starker Hitze goldbraun braten.

Hauptgerichte

Bereichert die glutenfreie Küche
Hirseauflauf

Für 6 Personen • preisgünstig
⊙ 20 Min. + 50 Min. Garzeit

250 g Hirse • 1 l Gemüsebrühe • 2 Zwiebeln • 500 g Champignons • ½ Bund Petersilie • 1 EL Margarine • 3 Eier • 200 g saure Sahne • Salz • Pfeffer, frisch gemahlen • Muskatnuss, frisch gerieben

● Hirse kurz mit heißem Wasser überbrühen. Gemüsebrühe mit einer halbierten Zwiebel und etwas Salz aufkochen. Die Hirse zugeben, aufkochen und bei geringer Wärmezufuhr im geschlossenen Topf etwa 20 Min. garen.

● Die Pilze mit einem feuchten Tuch abreiben und in Scheiben schneiden. Die restlichen Zwiebeln abziehen, fein würfeln und in der Margarine andünsten. Petersilie abspülen, trocken schütteln und fein hacken. Eier und saure Sahne verquirlen.

● Hirse, Champignons, Petersilie und die angebratenen Zwiebeln vermengen und kräftig mit den Gewürzen abschmecken. Die Masse in eine gefettete Auflaufform füllen und mit der Eiersahne übergießen. Bei 200 Grad (Umluft 180 Grad) 30 Min. backen.

Das passt dazu Mit einem frischen Salat ist der leckere Auflauf eine hochwertige vegetarische Hauptmahlzeit.

Laktose-Tipp Tauschen Sie saure Sahne gegen laktosefreien Schmand aus, sind Sie auch bei einer Milchzucker-Unverträglichkeit bestens versorgt.

Nährwerte pro Portion
261 kcal • 11 g E • 10 g F • 26 g KH

Das italienische Original
Mailänder Risotto

Für 4 Personen • braucht etwas mehr Zeit
⊙ 40 Min.

50 g Butterschmalz • 1 Zwiebel • 400 g Rundkornreis (z. B. Arborio) • 1 Msp. Safran (gemahlen) • 1 l Hühnerbrühe • 60 g Butter • 75 g Parmesan • 1 EL gehackte Petersilie

● Butterschmalz in einem großen Topf schmelzen. Die Zwiebel abziehen, sehr fein hacken und darin andünsten, jedoch nicht bräunen. Den Reis hinzufügen und unter Rühren mitdünsten, bis er von einem Fettfilm überzogen ist. Den Safran zugeben und so lange unterrühren, bis alles gleichmäßig gelb gefärbt ist.

● Ein Drittel der kochend heißen Hühnerbrühe angießen. Bei mittlerer Hitze köcheln lassen und immer wieder umrühren. Sobald die Flüssigkeit vom Reis aufgenommen ist, wieder etwas Brühe nachgießen – so lange, bis der Reis weich ist, aber noch Biss hat. Das Risotto sollte nicht trocken, sondern eher suppig sein. Butter und Parmesan unterrühren. Beides sollte sich mit der Brühe cremig verbinden. Das Risotto mit gehackter Petersilie bestreuen und sofort servieren.

Das passt dazu Lecker zu kurz gebratenem Fleisch oder auch zu frischem grünem Salat.

Nährwerte pro Portion
608 kcal • 15 g E • 26 g F • 79 g KH

Italienisch, mexikanisch oder griechisch
Hackfleisch-Gemüse-Pfanne

Für 4 Personen • laktosefrei
◷ 15 Min. + 45 Min. Garzeit

1 Karotte • 1 Zucchini • 1 rote Paprikaschote • 4 EL Olivenöl • 500 g Hackfleisch, gemischt • 1 Zwiebel • 1 EL Tomatenmark • Salz • Pfeffer, frisch gemahlen • Paprika • Knoblauch • Pizzakräuter • Zucker

● Gemüse putzen, abspülen, bei Bedarf schälen und in sehr kleine Würfel schneiden. Olivenöl in einer großen, tiefen Pfanne erhitzen. Hackfleisch zugeben und bei starker Hitze krümelig anbraten.

● Zwiebel abziehen und fein würfeln. Erst wenn das Fleisch am Pfannenboden ansetzt, die Zwiebelwürfel hinzufügen. Kurz mitschmoren. Tomatenmark zugeben und das Fleisch mit Salz, Pfeffer, Paprika und Knoblauch würzen.

● Gemüsewürfel dazugeben und alles unter Rühren mitanbraten. Langsam etwas Wasser angießen. Die Pfanne abdecken und die Hitze reduzieren. Etwa 30 Min. schmoren, zwischendurch immer wieder wenig Wasser aufgießen und umrühren.

● Am Ende der Garzeit die Hackfleisch-Pfanne mit Pizzakräutern und Zucker abschmecken. Heiß zu glutenfreien Nudeln servieren.

Variante Nach Belieben die Hackfleisch-Gemüse-Pfanne mit etwas Schmand oder Crème fraîche verfeinern.

Nährwerte pro Portion
370 kcal • 28 g E • 27 g F • 2 g KH

Superlecker mit viel Gemüse
Quinoapfanne

Für 4 Personen • gelingt leicht
◷ 15 Min. + 20 Min. Garzeit

3 Karotten • 1 Stange Lauch • 4 EL Pflanzenöl • 150 g Quinoa • 1 Knoblauchzehe • 400 ml Gemüsebrühe • 3–4 EL geriebener Käse • Salz • Pfeffer, frisch gemahlen • frische Kräuter

● Die Karotten und den Lauch putzen, abspülen und in kleine Würfel schneiden. Öl in einer tiefen Pfanne erhitzen und Quinoa darin anschwitzen. Das vorbereitete Gemüse zugeben und ebenfalls mitanbraten. Die Knoblauchzehe abziehen, zerdrücken oder sehr fein würfeln und dazugeben.

● Alles mit etwa der Hälfte der Gemüsebrühe ablöschen. Einen Deckel auf die Pfanne setzen und den Quinoa bei geringer Temperatur garen. Wenn die Flüssigkeit aufgesogen ist, wieder Gemüsebrühe angießen. Sind Quinoa und Gemüse weich, Käse daraufgegeben und bei geschlossenem Deckel schmelzen lassen.

● Die Quinoapfanne mit wenig Salz, Pfeffer und frischen Kräutern abschmecken und heiß als Beilage oder zusammen mit einem gemischten Salat servieren.

Laktose-Tipp Ohne Käse oder mit einer gut gereiften laktosefreien Sorte ist die Quinoapfanne auch bei Laktose-Intoleranz geeignet.

Nährwerte pro Portion
260 kcal • 10 g E • 13 g F • 26 g KH

Darf in keinem Glutenfrei-Kochbuch fehlen
Pizza

Für 4 Personen • gelingt leicht
🕐 30 Min. + 30 Min. Backzeit

250 g Grundmehlmischung (Seite 100) • 150 g Magerquark • 6 EL Milch • 6 EL Öl • ½ TL Zucker • Salz • 1 Msp. Oregano • 5 EL Tomatenmark • 1 EL Olivenöl • Pfeffer, frisch gemahlen • Oregano • 50 g Champignons • 100 g dünn geschnittene Salami • 75 g geriebener Käse

● Von der Grundmehlmischung 5 EL beiseitestellen. Quark, Milch und Öl glatt rühren. Zucker, ½ TL Salz und Oregano einrühren und in die Mehlmischung einarbeiten. Den Teig 30 Min. kühl stellen.

● Tomatenmark mit Öl und den Gewürzen verrühren. Champignons abreiben und feinblättrig schneiden, die Salami in feine Streifen schneiden. Ein Backblech mit Backpapier auslegen. Den Backofen auf 200 Grad (Umluft 180 Grad) vorheizen.

● Den Teig nach der Ruhezeit mit der restlichen Mehlmischung glatt kneten und auf dem Backblech dünn ausrollen, das Tomatenmark aufstreichen und den Käse darüberstreuen. Champignons und Salami darauf verteilen. Die Pizza etwa 30 Min. backen, bis die Unterseite leicht gebräunt ist.

Tipp Pizza aus Quark-Öl-Teig oder Hefeteig kann fertig vorbereitet und roh tiefgekühlt werden (z.B. in runden Aluformen). Achten Sie bei der Salami auf die »glutenfrei«-Kennzeichnung! Mit Teffmehl anstelle von Kartoffelmehl wird der Teiggeschmack kräftiger und der Pizzaboden wertvoller.

Nährwerte pro Portion (¼ Backblech)
580 kcal • 19 g E • 30 g F • 53 g KH

Genießen wie Gott in Frankreich
Tarte mit gelben Tomaten

Für 4 Personen • gelingt leicht
🕐 30 Min. + 30 Min. Backzeit

Für den Teig: 150 g Grundmehlmischung • 1 TL Pfeilwurzelstärke • ½ TL Salz • 65 g kalte Butter • 4–6 EL sehr kaltes Wasser
Für den Belag: 200 g Schmand oder Crème fraîche • 1 Ei • 1 TL Maisstärke • Salz • weißer Pfeffer • Kräuter, gehackt • 4–6 große gelbe Tomaten • 1 EL geriebener Parmesan

● Aus den Teigzutaten rasch einen glatten, festen Mürbeteig kneten – es dürfen keine Butterstücke mehr zu sehen sein. Den Teig in Folie wickeln und im Kühlschrank einige Minuten ruhen lassen.

● Schmand, Ei, Stärke und Gewürze verrühren. Die Tomaten waschen und in dicke Scheiben schneiden. Eine Tarte- oder Springform mit Backpapier auslegen oder einfetten. Den Backofen auf 200 Grad (Ober-/Unterhitze) vorheizen.

● Den Teig mit den Händen gleichmäßig dünn in die Form drücken – dabei einen kleinen Rand ausformen. Die Schmandcreme auf dem Teigboden verteilen, die Tomaten darauf legen und alles mit dem Parmesan bestreuen. Die Tarte im heißen Backofen ca. 50 Min. backen. Achtung, wenn der Parmesan zu dunkel wird, die Form mit Alufolie abdecken. Die Tarte vorsichtig aus der Form gleiten lassen und heiß servieren.

Das passt dazu Frischer grüner Salat und fruchtiger Wein.

Variante Es können auch kleine Tartelettförmchen verwendet werden. Jedes Stück eine delikate Vorspeise.

Nährwerte pro Portion
380 kcal • 4 g E • 28 g F • 28 g KH

Hauptgerichte : Maultaschen

Nudeln selbst gemacht
Vegetarische Maultaschen

Für 6 Personen • laktosefrei
⊘ 90 Min.

Für den Nudelteig:
- 200 g Mehl-Mix hell (Hammermühle)
- ½ TL Salz
- 2 Eier (Gr. M)
- 2 EL Öl

Für die Füllung:
- 50 g Linsen du puy (Champagner-Linsen)
- 200 ml Gemüsebrühe
- 100 g Lauch
- 50 g rote Paprika
- 50 g Pastinake
- 2 Knoblauchzehen
- 1 TL Olivenöl
- 100 g gekochte Kartoffeln
- 1 EL gehackte Petersilie
- 3 EL frische Kräuter (z. B. Liebstöckel, Oregano und Beifuß)
- Salz
- Pfeffer, frisch gemahlen
- frisch gemahlene Gewürze (z. B. Paprika, Koriander etc.)

● Mehl-Mix mit Salz, Eiern und Öl mit den Knethaken des Handrührgeräts verrühren. Es entstehen feuchte Krümel, die beim Zusammendrücken mit den Händen aneinanderhaften bleiben.

● Die Teigkrümel auf der Arbeitsfläche mit den Händen zu einer glatten Kugel verkneten. 10 Min. lang bearbeiten, damit der Teig elastisch wird. Sollten die Krümel nicht aneinanderhaften, teelöffelweise Wasser zufügen. Den Teig in Folie wickeln und ruhen lassen.

● Für die Füllung die Linsen in der Gemüsebrühe gar kochen. Lauch, Paprika und Pastinake putzen, ggf. schälen und fein würfeln oder mit dem Mixer hacken. Knoblauchzehen abziehen und in feine Würfel schneiden. Alles zusammen im heißen Olivenöl in einer Pfanne anrösten.

● Gegarte Linsen zugeben. Kartoffeln zerdrücken und untermischen, nach Wunsch alles fein im Mixer zerkleinern. Petersilie und die frischen Kräuter unterrühren. Mit Salz und Pfeffer kräftig abschmecken und nach Geschmack mit Paprika, Koriander etc. würzen.

● Jeweils ein Viertel des Teiges dünn auf der leicht bemehlten Arbeitsfläche ausrollen oder mit einer handbetriebenen Nudelwalze weiterverarbeiten. Aus dem Nudelteig Rechtecke oder Kreise ausstechen und mit Füllung versehen. Die Teigränder mit Wasser bestreichen. Die Nudeln zusammenklappen und die Ränder fest zusammendrücken. Die Maultaschen in reichlich kochendem Salzwasser etwa 8 Min. garen.

Variante Mischen Sie die Füllung mit geraspeltem Käse oder anderen Gemüsesorten (Tomaten, Zucchini, Steinpilzen etc.).

Tipp Bei Maultaschen lohnt es sich, einen größeren Vorrat zu produzieren, weil die Herstellung viel Arbeit macht. Füllen Sie daher die Maultaschen und frieren Sie den nicht sofort benötigten Teil roh ein – bei Bedarf werden sie dann einfach tiefgekühlt ins kochende Wasser gegeben.

Nährwerte pro Portion
520 kcal • 8 g E • 20 g F • 77 g KH

Schön herzhaft
Paprikagulasch

Für 4–6 Personen • braucht etwas mehr Zeit
⊘ 20 Min. + Garzeit (je nach Fleischart)

600 g Gulasch (Rind, Schwein, Lamm) • 600 g Zwiebeln • 4 EL Öl • 1–2 TL Rohrzucker • 2 EL Tomatenmark • 2–3 rote Paprikaschoten • Salz • Pfeffer, frisch gemahlen • Paprikapulver • Kartoffelmehl oder Reismehl zum Binden

• Das Fleisch in gleichmäßige Würfel schneiden. Die Zwiebeln abziehen und grob schneiden. Öl in einer Schmorpfanne erhitzen und das Fleisch in kleinen Portionen zunächst rundherum anbraten, bis es leicht braun ist. Dann die Zwiebelwürfel und Rohrzucker zugeben und ebenfalls anbraten. Paprika putzen, würfeln und zugeben. Gewürze und Tomatenmark hinzufügen und ½ Tasse Wasser angießen.

• Das Fleisch bei kleiner Hitze und geschlossenem Deckel schmoren lassen, bis das Wasser eingekocht ist. Dann weiteres Wasser oder Fleischbrühe angießen und weiter schmoren lassen. Diesen Vorgang wiederholen, bis das Fleisch gar ist (je nach Fleischart bis zu 1½ Std.).

• Nach Geschmack die Gulaschsauce mit etwas angerührtem Kartoffelmehl oder 1–2 TL Reismehl andicken.

Variante Die Sauce zur Fleischart passend würzen (evtl. auch mit Rosmarin, Thymian oder Knoblauch).

Tipp Gulasch in größerer Menge zubereiten und einen Teil einfrieren. Dann ist das Gericht viel schneller aufbereitet und schmeckt nach dem Wiedererwärmen mindestens so gut wie am Kochtag.

Nährwerte pro Portion
336 kcal • 34 g E • 15 g F • 14 g KH

Asiatischer Eintopf
Thai-Kokosmilch-Curry

Für 4 Personen • gelingt leicht
⊘ 30 Min. + 30 Min. Garzeit

2–3 Lauchzwiebeln • 1 Knoblauchzehe • 2 kleine Karotten • 4 Kartoffeln (nach Geschmack mit Schale) • je 1 gelbe und rote Paprika • 400 g Hähnchenbrustfilet • Salz • Pfeffer, frisch gemahlen • Öl • ½ Tasse Erbsen • 100 g Zuckerschoten • 1 Dose Kokosmilch • Chili • Limettensaft • Koriander • Kurkuma • Ingwer, frisch gerieben • 1 Hand voll geschälte Mandeln oder Erdnüsse • Koriandergrün, frisch gehackt

• Die Lauchzwiebeln waschen und samt Grün fein schneiden. Knoblauch, Karotten, Kartoffeln und Paprika putzen und klein schneiden. Hähnchenfleisch in gröbere Würfel schneiden, salzen und pfeffern. In Öl anbraten und wieder herausnehmen. Lauchzwiebeln und Knoblauch zugeben, anbraten.

• Karotten, Kartoffeln und Paprika und die Kokosmilch hinzufügen. So viel Wasser zugeben, bis alles knapp bedeckt ist. Den Eintopf kräftig mit Salz, Pfeffer, Chili, Kurkuma und frisch geriebenem Ingwer würzen und zugedeckt auf kleinster Flamme garen.

• Nach etwa 20 Min. die Erbsen und Zuckerschoten zugeben und weitere 5 Min. garen. Zuletzt das Fleisch unterrühren und gar ziehen lassen. Dann die Mandeln unterheben, das Curry mit Salz und Pfeffer abschmecken und mit gehacktem Koriander bestreut servieren.

Nährwerte pro Portion
352 kcal • 30 g E • 12 g F • 28 g KH

↦ Thai-Kokosmilch-Curry

Gulasch, Curry : Hauptgerichte 109

Prima als vegetarische Burger
Buchweizenfrikadellen

6 Stück • laktosefrei
⏱ 30 Min. + 10 Min. Garzeit

100 g Buchweizengrütze • 200 ml Gemüsebrühe • 1 kleine Zwiebel • ½ TL Koriander, gemahlen • 3 TL Pflanzenöl • 1 Ei • Salz • Pfeffer, frisch gemahlen • gehackte Kräuter • 1 – 3 EL Buchweizenmehl

- Buchweizengrütze in der Gemüsebrühe aufkochen und etwa 20 Min. ausquellen lassen. Die Zwiebel abziehen, sehr fein hacken und mit dem Koriander im heißen Öl anbraten. Die angebratene Zwiebel zur Grütze geben. Die Masse mit dem Ei binden und mit den Gewürzen kräftig abschmecken.

- Evtl. etwas Buchweizenmehl unter den Teig mischen, damit er sich besser formen lässt. Mit nassen Händen 6 Frikadellen formen und in heißem Fett von beiden Seiten anbraten.

Variante Besonders pikant werden die Buchweizenfrikadellen mit 1 – 2 EL geriebenem Käse im Teig oder gefüllt mit gewürfeltem Schafskäse.

Nährwerte pro Stück
136 kcal • 2 g E • 7 g F • 16 g KH

Prädikat wertvoll
Hirsepuffer

8 Stück • laktosefrei
⏱ 15 Min. + 30 Min. Quellzeit + 45 Min. Garzeit

100 g Hirse (ganz) • 250 ml Gemüsebrühe • 2 EL Sonnenblumenkerne • 1 Zwiebel • 1 Knoblauchzehe • 1 Ei • 1 EL Maisgrieß • Salz • Muskatnuss • gehackte Petersilie

- Hirse heiß abspülen und in kochender Gemüsebrühe auf kleiner Flamme etwa 30 Min. garen. Die Sonnenblumenkerne ohne Fett in einer Pfanne leicht anrösten. Die Hirse mit dem Pürierstab oder im Mixer zerkleinern.

- Zwiebel und Knoblauch abziehen. Zwiebel hacken und Knoblauchzehe zerdrücken. Zusammen mit den Sonnenblumenkernen, dem Ei und dem Maisgrieß zur Hirse geben.

- Die Masse mit Salz, Muskat und Petersilie würzen. Den Teig 30 Min. quellen lassen. Aus dem Teig 8 flache Bratlinge formen und im heißen Fett goldgelb braten.

Nährwerte pro Portion à 2 Stück
128 kcal • 9 g E • 8 g F • 12 g KH

Goldgelb, superlecker und gesund
Hirsebratlinge

4 Stück • preisgünstig
⏱ 40 Min. + 10 Min. Garzeit

1 kleine Zwiebel • 100 g Hirse • 200 ml Gemüsebrühe • 1 Karotte • 2 EL Quark • 2 – 4 EL Hirseflocken • Salz • Pfeffer, frisch gemahlen • gehackte Kräuter • Hefeflocken

- Zwiebel abziehen und sehr fein würfeln. Hirse und die Zwiebelwürfel 10 Min. in der Gemüsebrühe kochen und weitere 20 Min. ohne weitere Wärmezufuhr ausquellen lassen.

- Die Karotte abspülen und fein reiben. Quark, Karottenraspel und die Hirseflocken unter die ausgekühlte Hirse mischen. Den Teig mit den Gewürzen abschmecken und die Kräuter unterrühren. Mit nassen Händen 4 Bratlinge formen und in heißem Fett goldgelb braten.

Variante Die Hirsebratlinge mit einer Tomatenscheibe und einer Scheibe Käse belegen und im Backofen überbacken. Dazu schmeckt frischer Blattsalat.

Nährwerte pro Stück
100 kcal • 4 g E • 1 g F • 20 g KH

▶ Hirsebratlinge

Frikadellen und Bratlinge : Hauptgerichte

Tofubratlinge
Ideal zum Mitnehmen

8 Stück • laktosefrei
⏱ 40 Min. + 15 Min. Garzeit

250 g Tofu • 250 g gekochter Reis • 2 Eier • 1 Stange Lauch • 2 große Karotten • 3–4 EL gehackte Kräuter • 2 EL Pfeilwurzelmehl • Kräutersalz • Knoblauch • Pfeffer, frisch gemahlen

● Den Tofu fein reiben oder sehr fein würfeln und mit dem Reis und den Eiern in eine große Schüssel geben. Lauch putzen, abspülen und in feine Streifen schneiden. Die Karotten schälen und fein reiben. Gemüse und gehackte Kräuter mit der Tofu-Reis-Masse verkneten. Zur Bindung das Pfeilwurzelmehl hinzufügen.

● Den Teig mit den Gewürzen pikant abschmecken und 30 Min. quellen lassen. 8 flache Bratlinge formen und in heißem Fett von beiden Seiten anbraten.

Das passt dazu Als Beilage eignet sich besonders Quark-Kräuter-Dip oder Tzatziki (Seite 125).

Nährwerte pro Stück
92 kcal • 5 g E • 3 g F • 12 g KH

Amaranthbratlinge
Ein feines Mittagessen

8 Stück • braucht etwas mehr Zeit
⏱ 1 Std. + 10 Min. Garzeit

150 g Amaranth • 300 ml Gemüsebrühe • 1 Ei • 2 EL Kartoffelmehl • 2 EL geriebener Käse • 2 EL Haselnüsse (gehackt) • Salz • Pfeffer, frisch gemahlen • Koriander, gemahlen

● Amaranth in die kochende Gemüsebrühe einstreuen, aufkochen lassen und bei geringer Wärmezufuhr 45 Min. garen. Ei, Kartoffelmehl, Käse und Nüsse zugeben und alles miteinander vermischen.

● Den Teig mit den Gewürzen abschmecken und 15 Min. quellen lassen. Mit nassen Händen 8 flache Bratlinge aus dem Teig formen. Diese in heißem Fett von beiden Seiten goldgelb braten.

Das passt dazu Kartoffeln und Gemüse.

Nährwerte pro Stück
160 kcal • 5 g E • 10 g F • 14 g KH

Hackfleischfrikadellen
Auch kalt als Brotbelag lecker

6 Stück • preisgünstig
⏱ 10 Min. + 15 Min. Garzeit

1 Zwiebel • 2 Pellkartoffeln • 500 g Hackfleisch (gemischt oder vom Lamm) • 1 Ei • 2 EL Quark • 1 EL Reiskleie oder Hirseflocken • Salz • Pfeffer, frisch gemahlen • Knoblauch • Oregano

● Die Zwiebel abziehen und sehr fein würfeln. Die Pellkartoffeln fein reiben. Das Hackfleisch mit der Zwiebel, dem Ei, Quark und den geriebenen Kartoffeln verkneten. Kleie oder Hirseflocken unterkneten und den Teig mit den Gewürzen pikant abschmecken.

● Mit feuchten Händen 6 Frikadellen formen und in heißem Fett bei mittlerer Temperatur langsam von beiden Seiten braun braten.

Nährwerte pro Stück
370 kcal • 28 g E • 27 g F • 2 g KH

❯❯ Tofubratlinge

Frikadellen und Bratlinge : Hauptgerichte 113

Hauptgerichte : Suppen

Ein leckerer Klassiker
Kürbiscremesuppe

Für 4 Personen • laktosefrei
⏱ 15 Min. + 45 Min. Garzeit

1 Hokkaido-Kürbis (800 – 1000 g) •
1 Zwiebel • 2 EL Rapsöl • Salz • weißer
Pfeffer • Thymian • 1 l Gemüsebrühe •
2 EL Zitronensaft • Cayennepfeffer •
4 EL Kürbiskerne • 2 EL Schnittlauchröllchen

● Den Kürbis waschen und vierteln. Die Kerne entfernen und das Kürbisfleisch in Würfel schneiden. Die Zwiebel abziehen und fein würfen. Zwiebeln und Kürbis im Öl andünsten. Alles mit Salz, Pfeffer und Thymian würzen und mit Gemüsebrühe ablöschen.

● Die Suppe 45 Min. köcheln lassen, bis der Kürbis weich ist. Den Topf vom Herd nehmen und alles fein pürieren. Die Suppe mit Zitronensaft und Cayennepfeffer pikant abschmecken. Mit Kürbiskernen und Schnittlauchröllchen bestreut servieren.

Tipp Füllen Sie die Suppe zum Anrichten in einen ausgehöhlten Kürbis. 1 Prise Currypulver gibt dem Ganzen eine asiatische Note.

Nährwerte pro Portion
162 kcal • 7 g E • 10 g F • 12 g KH

Schnell gemacht und einfach gut
Kartoffelsuppe

Für 4 Personen • preisgünstig
⏱ 10 Min. + 30 Min. Garzeit

250 g Kartoffeln (mehlig kochend) •
2 Karotten • 1 kleine rote Zwiebel
oder etwas Lauch • 3 EL Öl • 800 ml
Gemüsebrühe • Salz • Pfeffer, frisch
gemahlen • Muskatnuss • Kräuter der
Provence • etwas Knoblauch

● Kartoffeln und Karotten schälen und in Würfel schneiden. Zwiebel abziehen, fein würfeln bzw. Lauch putzen, abspülen und in feine Ringe schneiden. Alles im heißen Öl andünsten, mit Gemüsebrühe auffüllen und aufkochen. Bei mittlerer Hitze 30 Min. kochen.

● Wenn die Kartoffeln richtig weich sind, die Suppe mit einem Schneebesen rühren, bis sie sämig ist. Mit Salz, Pfeffer und den Gewürzen nach eigenem Geschmack kräftig abschmecken.

Variante In kleinen Schälchen dazu servieren: Lachsstreifen, Schnittlauchröllchen, Schmand oder Crème fraîche, angebratene Champignonscheiben und glutenfreie Croûtons.

Nährwerte pro Portion à 300 ml
134 kcal • 4 g E • 7 g F • 12 g KH

Überraschend pikant
Zucchini-Kokos-Suppe

Für 6 Personen • laktosefrei
⏱ 10 Min. + 10 Min. Garzeit

500 g Zucchini • 1 Zwiebel • 1 Knoblauchzehe • 3 cm Ingwerwurzel •
1 Chilischote • 1 EL Rapsöl • 800 ml
Gemüsebrühe • 200 ml ungesüßte
Kokosmilch • 1 EL Sojasauce (glutenfrei) • Salz • Pfeffer, frisch gemahlen •
Cayennepfeffer • 1 Kästchen Kresse •
4 TL Kürbiskernöl

● Zucchini waschen, entkernen und grob würfeln. Zwiebel und Knoblauch in feine Würfel schneiden, den Ingwer schälen und fein reiben. Die Chilischote entkernen und fein schneiden. Zwiebeln, Knoblauch, Ingwer und Chilischote im Öl anbraten. Die Zucchiniwürfel zugeben und mit Brühe und Kokosmilch aufgießen. Sojasauce zugeben und alles ca. 10 Min. bei niedriger Temperatur kochen lassen.

● Die Suppe pürieren und mit Salz, Pfeffer und Cayennepfeffer abschmecken. Auf jede Suppenportion vor dem Servieren etwas Kresse streuen und 1 TL Kürbiskernöl einrühren.

Nährwerte pro Portion à 250 ml
144 kcal • 3 g E • 13 g F • 3 g KH

▸ Kürbiscremesuppe

Suppen : Hauptgerichte 115

Besonderes

Selbst gerollt
Sushi

Für 3 – 4 Personen • exotische Zutaten
⏲ 50 Min. + 25 Min. Garzeit

400 g Sushireis • 100 ml Reisessig • 1 TL Salz • 2 TL Zucker • 4 Blätter Nori-Algen • 1 Avocado • ½ Gurke
Alternativ: ½ Paprikaschote • ½ Zucchini • 100 g Räucherlachs oder Butterfisch (Sushi-Qualität) •
Zum Dippen: Wasabipaste • eingelegter Ingwer • glutenfreie Sojasauce

- Den Reis in einem Sieb so lange kalt abspülen, bis das Wasser klar bleibt, und mit der gleichen Menge Wasser zugedeckt zum Kochen bringen. 1 Min. kochen und auf der ausgeschalteten Herdplatte ca. 20 Min. zugedeckt quellen lassen. Reisessig, Salz und Zucker einmal aufkochen. Den Reis in eine Schüssel geben und mit dem Gemisch verrühren. Auskühlen lassen.

- Eine Rollmatte für Sushi in Frischhaltefolie beidseitig einschlagen. Nori-Algen mit einem sehr scharfen Messer halbieren und auf den vorderen Rand legen. Dabei die glänzende Seite nach unten, die raue Seite oben für die Reisauflage. Mit feuchten Fingern den Reis dünn, aber deckend auf die Algen verteilen.

- Gemüse in schmale, lange Streifen schneiden und 1 – 2 Gemüsestreifen auf den Reis legen. Mithilfe der Rollmatte das Sushi möglichst eng aufrollen, fest in Form drücken und in 2 – 3 fingerbreite Stücke schneiden. Mit eingelegtem Ingwer und glutenfreier Sojasauce servieren.

Nährwerte pro Rolle
176 kcal • 3 g E • 4 g F • 31 g KH

Fluffiger Spaß
Brokkoli-Soufflé

Für 4 Personen • braucht etwas mehr Zeit
⏲ 45 Min. + 50 Min. Backzeit (je nach Formgröße)

Für die Gewürzmilch: ½ Zwiebel • 1 Knoblauchzehe • 375 ml Milch • 3 – 4 Nelken • 1 – 2 Lorbeerblätter • etwas Salz
Für die Soufflémasse: 200 g Brokkoli • Salz • Butter und gemahlene Mandeln für die Form • 4 Eier • 60 g Butter • 75 g Grundmehlmischung (Seite 100) • 50 g Parmesan • Pfeffer, frisch gemahlen • Muskatnuss, frisch gerieben • ½ TL Maisstärke

- Zwiebel und Knoblauch abziehen und grob würfeln. Milch, Zwiebeln, Knoblauch, Nelken, Lorbeerblatt und Salz aufkochen und etwas abkühlen lassen. Dann die Gewürzbestandteile aus der Milch entfernen.

- 200 g Brokkoli bissfest in Salzwasser garen. Form ausfetten und mit Mandeln ausstreuen. Brokkoli in die Form/Förmchen geben. Den Backofen auf 180 Grad (Ober-/Unterhitze) vorheizen. Die Eier trennen. Eiklar und Salz zu festem Schnee schlagen. Die Butter schmelzen und mit der Grundmehlmischung anschwitzen. Die Gewürzmilch zugeben, den Topf vom Herd nehmen und unter ständigem Rühren Eigelbe und Parmesan unterschlagen. Dann Eischnee und die Maisstärke unterziehen.

- Die Soufflémasse über den Brokkoli geben (max. ¾ hoch) und im vorgeheizten Backofen (untere Schiene) backen. Je nach Formgröße 25 – 50 Min. backen und die Backofentür währenddessen nicht öffnen.

Nährwerte pro Portion
418 kcal • 18 g E • 28 g F • 23 g KH

Feines Sommergericht

Sepia-Tagliatelle mit Chili-Tomaten-Sugo und Garnelen

Für 2–3 Personen • exotische Zutaten
⏲ 1 Std. + ca. 30 Min. Garzeit

Für die Tagliatelle:
- 200 g helle Mehlmischung (z. B. Hammermühle Mehl-Mix hell)
- 2 Eier
- 2 EL Öl
- 2–4 g Tintenfischtinte (aus dem Fischgeschäft)
- ½ TL Salz

Für den Sugo:
- 4 große Tomaten
- 1 Schalotte
- 1 Knoblauchzehe
- 1 rote Peperoni
- 2 EL Olivenöl
- 150–200 g Garnelen (tiefgekühlt und küchenfertig)
- 1 Glas Weißwein

- ½ TL brauner Rohrzucker
- schwarzer Pfeffer, frisch gemahlen
- frischer Zitronenthymian
- Zitronensaft
- Salz
- 2 EL Parmesan, frisch gerieben

Außerdem:
- 3 Zitronenspalten
- 3 Thymianzweige

● Für die Tagliatelle die Mehlmischung, Eier, Öl, Tinte und Salz zu feuchten Krümeln (ähnlich wie Streusel) vermischen. Die Teigkrümel müssen aneinanderhaften, wenn sie mit den Händen geknetet werden. Sind die Krümel zu trocken, esslöffelweise Wasser zufügen.

● Auf der Arbeitsfläche aus den Teigkrümeln einen glatten, festen Teig kneten, der nicht klebrig sein darf. Durch langes Kneten (ca. 10 Min.) erhält der Teig seine Elastizität. Den Teig unter einer mit heißem Wasser ausgespülten Schüssel ca. 30 Min. entspannen lassen.

● Für den Sugo die Tomaten kurz in kochendes Wasser legen, häuten, entkernen und das Fruchtfleisch in grobe Stücke schneiden. Schalotte klein schneiden. Knoblauch und Peperoni sehr fein würfeln und im Olivenöl anschwitzen. Garnelen zugeben und ca. 5 Min. von beiden Seiten anbraten. Die Garnelen aus der Pfanne nehmen und beiseitestellen.

● Die Schalotte im Bratöl glasig anbraten und mit Weißwein ablöschen, Tomatenwürfel zugeben und alles einkochen lassen. Mit Rohrzucker, Pfeffer, Zitronenthymian, Zitronensaft und Salz die Sauce würzen. Zuletzt 2 EL Parmesan unterrühren.

● Nudelteig in zwei Portionen sehr dünn ausrollen – dabei kein Mehl zugeben und die Teigplatte immer wieder vom Backbrett lösen und wenden. Die Teigplatte in 1 cm breite Streifen schneiden. Die schwarzen Bandnudeln in reichlich Salzwasser ohne Deckel max. 5 Min. kochen.

● Zwischenzeitlich die Garnelen im Chili-Tomaten-Sugo erhitzen. Bandnudeln abgießen, mit heißem Wasser abbrausen, abtropfen lassen und auf vorgewärmte Teller verteilen. Die Sauce und die Garnelen auf die Bandnudeln geben und sofort mit 1 Zitronenspalte und 1 Thymianzweig servieren.

Nährwerte pro Portion
520 kcal • 20 g E • 19 g F • 60 g KH

Glutenfrei eingewickelt
Lamm in der Kräuter-Brotkruste

Für 4 Personen • braucht etwas mehr Zeit
⏱ 45 Min. + 50 Min. Backzeit

1 Rezept Sauerteig-Mischbrot (Seite 50) • 3 EL gehackte Kräuter (Rosmarin, Thymian) • 400 g Lammlachse • 1 rote Zwiebel • 1 Knoblauchzehe • 1 – 2 getrocknete Tomaten • 4 EL Olivenöl • Salz • schwarzer Pfeffer

● Den Teig zubereiten und zum Aufgehen ca. ½ Std. abgedeckt stehen lassen. Nach der Aufgehzeit den Teig mit den Händen mit etwas Grundmehlmischung und 1 EL der Kräuter verkneten. Auf einem Backpapier fingerdick ausrollen.

● Das Lammfleisch in wenig heißem Olivenöl sehr kurz anbraten – dann aus der Pfanne nehmen und in Alufolie einschlagen. Den Backofen auf 220 Grad (Umluft 200 Grad) vorheizen.

● Zwiebel, Knoblauch und Tomaten sehr fein würfeln. Diese in heißem Olivenöl (evtl. in der Pfanne, in der das Fleisch angebraten wurde) anschwitzen und zuletzt die Kräuter untermischen. Mit Salz und Pfeffer würzen.

● Auf den ausgerollten Teig mittig das Fleisch auflegen. Die Kräuterzwiebeln auf dem Fleisch verteilen und den Teig rundherum darüberlegen. Die Teigoberfläche mit Öl bestreichen und mehrfach einstechen oder einritzen. Das Fleisch-Teig-Päckchen auf ein mit Backpapier ausgelegtes Backblech setzen und 45 – 50 Min. backen, bis der Brotteig außen braun und krustig ist. Vor dem Anschneiden ein paar Min. auf einer Platte ruhen lassen.

Nährwerte pro Portion
488 kcal • 27 g E • 8 g F • 10 g KH

Feiner Fischgang
Jakobsmuscheln auf Quinoabett

Für 4 Personen • gelingt leicht
⏱ 30 Min. + 30 Min. Backzeit

1 Karotte • ½ Zwiebel • 2 Knoblauchzehen • 2 EL Olivenöl • 1 TL Ingwer, frisch gerieben • 150 g weißer Quinoa • 200 g Gemüsebrühe oder Wasser • Salz • weißer Pfeffer, frisch gemahlen • Butter für die Form • 400 g ausgelöste Jakobsmuscheln (evtl. TK) • 1 Limette • 1 Bund Koriandergrün

● Zwiebel und Knoblauch abziehen. Karotte, Zwiebel und Knoblauch fein würfeln. Alles in heißem Olivenöl glasig anbraten – dann Ingwer und Quinoa zugeben. Mit Brühe oder Wasser auffüllen, aufkochen lassen und mit Salz und Pfeffer würzen. Den Backofen auf 180 Grad vorheizen.

● Eine große Auflaufform ausbuttern, Quinoa einfüllen und die ausgelösten Jakobsmuscheln darauf verteilen. Die Limette auspressen und den Saft darüberträufeln. Koriander waschen, zupfen und die Bättchen darüberstreuen. Die Auflaufform mit einem Deckel oder mit Alufolie verschließen und im vorgeheizten Backofen 20 – 30 Min. backen.

● Das Gericht mit Korianderblätter dekorieren und mit einem grünen Salat servieren.

Tipp Frische Jakobsmuscheln sind in den kühleren Monaten (September bis April) erhältlich – ansonsten besser auf Tiefkühlware zurückgreifen.

Nährwerte pro Portion
333 kcal • 20 g E • 14 g F • 31 g KH

❯ Lamm in der Kräuter-Brotkruste

Lamm, Muscheln : Besonderes

Kleine Gerichte

Schlemmen wie Gott in Frankreich
Galettes

4 Stück • geht schnell
⏱ 30 Min. + 10 Min. Garzeit

50 g Buchweizenmehl • 50 g Kartoffelmehl • ½ TL Salz • 2 Eier • ⅛ l Milch • ⅛ l Sprudelwasser

● Die Mehle und das Salz vermischen. Eier und Milch verquirlen. Das Mehlgemisch einrühren. Den Teig 30 Min. quellen lassen. Sprudelwasser zufügen, bis der Teig wieder nahezu flüssig ist. Öl in einer Pfanne erhitzen und nacheinander 4 dünne Pfannkuchen ausbacken.

Das passt dazu Galettes schmecken herrlich mit würziger Spinatfüllung. Gut passt auch ein Belag aus Schafskäse, Tomatenwürfeln und Basilikum. Einfach mischen, salzen und pfeffern und auf die Pfannkuchen geben. Pfannkuchen umklappen und noch 2 – 3 Min. weiterbacken. In Frankreich werden Galettes auch pur mit Buchweizenmehl zubereitet. Beachten Sie allerdings das Risiko, dass das Mehl mit anderen Mehlsorten verunreinigt sein kann.

Nährwerte pro Stück (ohne Füllung)
175 kcal • 5 g E • 10 g F • 17 g KH

Vegetarische Vorspeise
Antipasti

Für 2 Personen • gelingt leicht
⏱ 10 – 20 Min. + 10 Min. Garzeit

200 g bunte Paprika • 200 g Karotten • 200 g Champignons • 200 g rote Zwiebeln • Olivenöl • 1 Knoblauchzehe • Rohrzucker • Salz • Pfeffer, frisch gemahlen • Balsamico • 10 g Parmesan, gehobelt

● Das Gemüse in waschen, putzen und in mundgerechte Stücke schneiden, die Zwiebeln in nicht zu schmale Spalten schneiden. Knoblauch abziehen und fein würfeln.

● Olivenöl in einer Pfanne mit hohem Rand erhitzen, Zwiebelspalten und Knoblauch darin anschwitzen und das restliche Gemüse zugeben. Einige Min. anbraten. Mit Rohrzucker, Salz und schwarzem Pfeffer aus der Mühle würzen und bissfest weiterschmoren. Zuletzt mit einigen Spritzern Balsamico ablöschen.

● Antipasti auf einer Platte anrichten und mit frisch gehobeltem Parmesan servieren.

Nährwerte pro Portion
124 kcal • 2 g E • 8 g F • 10 g KH

▲ Hummus

Für Rohkost, Cracker, Wraps
Schnittlauchdip

Für 6–8 Personen • geht schnell
⏲ 5 Min.

200 g Frischkäse • 200 g Crème fraîche oder Schmand • Salz • Knoblauchgranulat • Paprika (edelsüß) • 3 EL Schnittlauchröllchen

● Frischkäse mit Crème fraîche glatt rühren. Sollte der Dip zu fest sein, etwas Sahne zugeben. Die Creme mit wenig Salz, nach Belieben etwas Knoblauch und Paprika würzen. Zuletzt die Schnittlauchröllchen unterrühren.

Nährwerte pro Portion
164 kcal • 3 g E • 16 g F • 1 g KH

Prima für Gäste
Bruschetta

Für 2 Personen • geht schnell
⏲ 10 Min.

4 Scheiben glutenfreies Toastbrot (Seite 52) • 2 EL Tomatenfruchtfleisch • 1 EL Olivenöl • Salz • Pfeffer, frisch gemahlen • Knoblauch

● Den Backofen auf 220 Grad (Umluft 200 Grad) vorheizen. Toastbrot auf ein Backblech legen. Tomatenfruchtfleisch mit Öl mischen und mit Salz, Pfeffer und Knoblauch abschmecken.

● Die Brotscheiben mit der Tomatenmasse dick bestreichen und die Bruschetta im Backofen auf der mittleren Schiene 10 Min. backen. Heiß als Vorspeise servieren.

Nährwerte pro Portion
84 kcal • 4 g E • 3 g F • 18 g KH

Für einen mediterranen Abend
Hummus

Für 8–10 Personen • laktosefrei
⊘ 10 Min. + 30 Min. Garzeit

400 g gekochte Kichererbsen (Dose) • etwas Gemüsebrühe • Saft von 1 Zitrone • 2 EL Olivenöl • 6 EL Sesampaste (Tahin) • Salz • Pfeffer, frisch gemahlen • Kreuzkümmel • gemischte Kräuter (z. B. glatte Petersilie)

● Kichererbsen in ein Sieb geben und mit warmem Wasser gut abspülen. Mit einem Pürierstab aus den Kichererbsen ein weiches Mus herstellen. Bei Bedarf etwas Gemüsebrühe zugießen.

● Nacheinander Zitronensaft, Öl und Sesampaste zugeben und den Dip mit Salz, den Gewürzen und Kräutern pikant abschmecken.

Tipp Verwenden Sie getrocknete Kichererbsen, sollten Sie diese am Vortag in Wasser einweichen und am darauffolgenden Tag in Gemüsebrühe weich kochen.

Nährwerte pro Portion à 50 g
98 kcal • 5 g E • 5 g F • 8 g KH

Darf auf keinem Grillbüfett fehlen
Tzatziki

Für 8–10 Personen • gelingt leicht
⊘ 10 Min.

500 g griechischer Joghurt • 1 Salatgurke • 4 Knoblauchzehen • Salz • Pfeffer, frisch gemahlen • etwas getrockneter Thymian • ½ TL Olivenöl • 1 Spritzer Zitronensaft

● Joghurt gut durchrühren. Die Salatgurke schälen und grob raspeln oder in feine Juliennestreifen schneiden. Gurke einsalzen und warten, bis sich Gurkensaft absetzt.

● Knoblauchzehen schälen und in den Joghurt pressen. Gurkenraspel auf ein sauberes Tuch geben, den Saft abpressen und das Gurkenfruchtfleisch in den Joghurt rühren. Etwas durchziehen lassen und dann mit Salz (vorsichtig), Pfeffer und einem Hauch Thymian abschmecken. Zuletzt mit Olivenöl und Zitronensaft verfeinern.

Variante Falls Sie keinen griechischen Joghurt bekommen, lassen Sie einfach Vollmilchjoghurt in einem Filter abtropfen.

Nährwerte pro Portion
54 kcal • 3 g E • 2 g F • 5 g KH

Kross und lecker
Kartoffelpuffer

Für 4 Personen • laktosefrei
⊘ 40 Min. + 20 Min. Garzeit

500 g Kartoffeln • 2 Zwiebeln • 1 Ei • 3–4 EL Hirseflocken • Salz • Pfeffer, frisch gemahlen • Muskatnuss, frisch gerieben

● Die Kartoffeln schälen. Zwiebeln abziehen. Kartoffeln und Zwiebeln grob raspeln. Die Hälfte der Kartoffel-Zwiebel-Raspel im Mixer oder mit dem Pürierstab fein zerkleinern. Ei, Hirseflocken und Gewürze in die feine Masse rühren. Die groben Kartoffelraspel hinzufügen.

● Den Teig 20 Min. quellen lassen. Setzt sich viel Flüssigkeit ab, diese vorsichtig abgießen und evtl. noch Hirseflocken einrühren. In einer Pfanne portionsweise etwa 12 handtellergroße Puffer backen.

Variante Für Gemüse-Vollwert-Puffer verwenden Sie 400 g Kartoffeln und außerdem 2 Karotten und 1 Zucchini (grob geraspelt). In den Teig 1 EL Sesamkörner und evtl. Goldleinsamen einrühren und frische Kräuter hinzufügen.

Nährwerte pro Portion (3 Stück)
234 kcal • 5 g E • 12 g F • 25 g KH

Köstlich, erfrischend und supereinfach!
Gazpacho

8 Vorspeisen-Gläser (à 150 ml) oder 4 Portionen Hauptgericht • gelingt leicht
⏱ 30 Min. + Kühlzeit

250 g glutenfreies, altbackenes Brot • 4 – 5 große reife Tomaten • 1 kleine Salatgurke • 1 grüne Paprikaschote • 2 Knoblauchzehen • 2 EL hochwertiges Olivenöl • Sherryessig • Salz • schwarzer Pfeffer • brauner Zucker • evtl. etwas Chilipulver

● Das Brot entrinden, in grobe Würfel schneiden und in 100 ml heißem Wasser einweichen. Die Tomaten kreuzweise einschneiden, mit kochendem Wasser überbrühen und häuten.

● Gurke und Paprika entkernen und grob schneiden. Knoblauch abziehen. Tomaten mit dem vorbereiteten Gemüse und dem Knoblauch in den Mixaufsatz der Küchenmaschine füllen. Das Brot zugeben, Olivenöl und 1 Schuss Sherryessig hinzufügen und alles pürieren.

● Mit Salz, Pfeffer und Zucker abschmecken, etwas Chilipulver zugeben. Einen ordentlichen Schuss Wasser zugeben, noch mal aufmixen und erneut abschmecken.

● Die Gazpacho abgedeckt einige Std. kühl stellen oder mit Eiswürfeln vermischen. Mit Olivenöl beträufeln.

Das passt dazu Garnieren – mit gehackten Kräutern, fein geschnittener Paprikaschote oder gehackter Zwiebel. Oder die Luxusvariante mit Serrano-Schinken oder halbierten, hart gekochten Wachteleiern.

Nährwerte pro Portion (300 g)
228 kcal • 5 g E • 8 g F • 30 g KH

Kanarische Runzelkartoffeln
Papas aragudas

Für 6 – 8 Personen • laktosefrei
⏱ 20 Min.

1,5 kg kleine Kartoffeln • ca. 200 g grobes Meersalz • **Für die grüne Mojo:** 2 Knoblauchzehen • 2 Bund Koriandergrün • ½ Bund glatte Petersilie • 100 ml Olivenöl • 3 EL weißer Balsamico • 1 TL Kreuzkümmel (gemahlen) • Salz • Pfeffer, frisch gemahlen **Für die rote Mojo:** 4 in Essig eingelegte rote Pepperoni • 2 Knoblauchzehen • 100 ml Olivenöl • 2 EL Rotwein-Essig • 1 TL Kreuzkümmel (gemahlen) • 1½ TL Paprikapulver (edelsüß) • Salz

● Kartoffeln waschen. In einem breiten Topf oder Wok mit Deckel mit Wasser bedecken und so viel Meersalz zufügen, bis die Kartoffeln nicht mehr zu Boden sinken. Garen lassen, bis das ganze Wasser verkocht ist.

● Die Kartoffeln wenige Min. auf kleinster Flamme stehen lassen, damit sie trocknen und runzelig werden (funktioniert nicht mit neuen Kartoffeln). Dabei mehrmals mit aufgelegtem Deckel schwenken.

● Wenn sie trocken und runzlig sind, haben sie auch eine feine Salzkruste angesetzt. Sofort servieren, da sie zugedeckt wieder feucht werden und die Kruste verloren geht. (Die Kartoffeln werden mit Schale gegessen.)

● Für beide Mojos jeweils die Zutaten grob zerkleinern und in einem Mixer oder mit dem Passierstab zu einer sämigen Sauce verrühren. Dezent salzen, da die Papas aragudas bereits ausreichend salzig sind.

Nährwerte pro Portion
354 kcal • 4 g E • 25 g F • 26 g KH

❯❯ Papas aragudas

Gazpacho, Papa aragudas : Kleine Gerichte 127

Der ideale Einstieg in eine Mahlzeit
Gemüsecremesuppe

Für 1 Person • gelingt leicht
◷ 10 Min.

100 g gekochte Gemüsereste •
100 ml Gemüsebrühe • 50 g Sahne •
½ TL Maisstärke oder Kartoffelmehl •
gehackte Kräuter

● Gemüse mit Gemüsebrühe pürieren und aufkochen. Sahne mit der Stärke kalt verrühren und in die kochende Suppe rühren. Noch einmal aufkochen und nach Belieben nachwürzen. Mit Kräutern bestreut servieren.

Variante Sie können ganz verschiedene Gemüsereste verwerten, je nachdem was Sie gerade übrig haben, z. B. Brokkoli, Karotten, Spargel, Kohlrabi etc.

Nährwerte pro Portion à 250 ml
215 kcal • 6 g E • 17 g F • 12 g KH

Macht klare Brühe zum Highlight
Hirseklößchensuppe

Für 4 Personen • braucht etwas Zeit
◷ 40 Min. + 10 Min. Garzeit

1 Ei • 30 g Butter • 100 g Magerquark • 60 g Hirse, gemahlen • Salz • Muskatnuss • 1 l Gemüsebrühe •
2 EL gehackte Kräuter

● Das Ei trennen. Butter und Eigelb schaumig rühren, den Quark unterrühren, Hirse zugeben und die Masse mit Salz und Muskat abschmecken. Das Eiweiß schaumig schlagen und unterziehen. Die Masse ½ Std. quellen lassen.

● Inzwischen die Gemüsebrühe aufkochen. Mit 2 Teelöffeln kleine Klößchen von der Hirsemasse abstechen und in die siedende Brühe geben. Die Klößchen etwa 10 Min. garen. Mit gehackten Kräutern bestreut servieren.

Variante Statt Hirse kann auch Maisgrieß oder Buchweizen verwendet werden. Die klassischen Markklößchen sind übrigens nicht glutenfrei und außerdem viel fetter als unsere Hirseklößchen.

Nährwerte pro Portion
184 kcal • 10 g E • 9 g F • 14 g KH

Fingerfood zur Gästebewirtung
Partybrötchen

8 Stück • geht schnell
◷ 5 Min. + 10 Min. Backzeit

4 glutenfreie helle Brötchen oder
8 Scheiben glutenfreies Baguette •
1 Becher Schmand • 1 Becher Sahne • 150 g sehr fein gewürfelter Käse • 150 g Schinkenwürfel oder glutenfreie Salami • etwas Paprikapulver und Pfeffer • wenig Salz

● Die Brötchen halbieren und auf ein mit Backpapier ausgelegtes Blech setzen. Schmand, Sahne, Käse und Schinken bzw. Salamiwürfelchen miteinander verrühren.

● Die Masse mit den Gewürzen pikant abschmecken und fingerdick auf die Brötchenhälften geben.
10 Min. im vorgeheizten Backofen bei 200 Grad goldbraun überbacken.

Variante Die Auflage für die Partybrötchen lässt sich sehr gut vorbereiten. Sie kann nach Belieben durch Zugabe von Paprikawürfelchen, geräuchertem Lachs und Dill, fein gewürfeltem Schafskäse und Oliven variiert werden.

Nährwerte pro Brötchenhälfte
305 kcal • 12 g E • 16 g F • 22 g KH

Besonders bei Kindern beliebt
Wraps

Für 8 Personen (4 Stück) • gelingt leicht
⏱ 30 Min. – 10 Min. Garzeit

2 Eier (Gr. M) • 1 Prise Salz • ¼ l Sprudelwasser •
100 g Grundmehlmischung (Seite 100) • 2 TL Margarine •
3 EL Frischkäse • 1 EL frische gehackte Kräuter •
50 g Thunfisch im eigenen Saft • 50 g geräucherte
Putenbrust • 4 kleine Salatblätter • 1 Tomate • ¼ Salatgurke • 1 Karotte • Salz • Pfeffer, frisch gemahlen

● Eier, Salz, Sprudelwasser und Mehlmischung
verrühren und 30 Min. quellen lassen. Frischkäse
und Kräuter verrühren. Thunfisch, Putenbrust
und Salatblätter in feine Streifen schneiden.
Die Tomate in dünne Scheiben schneiden,
Gurke und die Karotte grob raspeln.

● Aus dem Teig mit je ½ TL Margarine
4 dünne Pfannkuchen ausbacken.
Diese aufgerollt auf einem Kuchengitter
abkühlen lassen. Die Pfannkuchen
wieder aufklappen und mit dem
Kräuterkäse bestreichen.

● Einen Wrap mit Thunfisch, den anderen mit
Putenbrust belegen, dann jeweils Rohkost darauf
verteilen. Salzen, pfeffern, evtl. einen Klecks
Mayonnaise oder glutenfreie Salatcreme hinzufügen.
Eng aufwickeln, durchschneiden und in Frischhaltefolie
verpackt kühl stellen.

Laktose-Tipp Bei Laktose-Intoleranz geeignet, wenn
die Füllung mit geeigneter Salatcreme hergestellt wird.

Nährwerte pro Portion
115 kcal • 6 g E • 5 g F • 12 g KH

Beilagen

Einfachste Art, Kartoffeln zuzubereiten
Rosmarinkartoffeln

Für 2 Personen • laktosefrei
⏱ 5 Min. + 45 Min. Garzeit

350 g junge, kleine Kartoffeln • 2 EL Olivenöl • 4 Knoblauchzehen • etwas grobes Meersalz • 3 Zweige Rosmarin

● Die Kartoffeln unter fließendem Wasser gründlich abbürsten und 15 Min. in Wasser kochen. Anschließend gut abtropfen lassen.

● Kartoffeln in eine feuerfeste Form geben. Olivenöl darüberträufeln. Ungeschälte Knoblauchzehen, Meersalz und Rosmarin dazulegen. Die Kartoffeln 30 Min. bei 180 Grad goldgelb backen.

Nährwerte pro Portion
210 kcal • 4 g E • 10 g F • 26 g KH

Glutenfreie Variante
Gnocchi

Für 6 Personen • braucht etwas mehr Zeit
⏱ 15 Min. + 25 Min. Garzeit

600 g Kartoffeln (mehlig kochend) • ½ TL Salz • 120 g Hirsemehl • Salz • Muskatnuss • 4 EL Butter

● Kartoffeln in der Schale im Salzwasser kochen. Noch heiß pellen und durch eine Kartoffelpresse drücken. Kurz abkühlen lassen und mit Hirsemehl verkneten, bis der Teig nicht mehr klebt. Den Teig mit Salz und etwas Muskat würzen.

● Die Arbeitsfläche mit etwas Kartoffel- oder Hirsemehl bestreuen und darauf 2 cm dicke Teigrollen formen. Die Rollen in 3 cm breite Abschnitte teilen. Den Teig über die Spitzen einer Gabel rollen und dabei leicht flach drücken.

● Die Gnocchi portionsweise so lange in Salzwasser garen (etwa 2 Min.), bis sie an der Oberfläche schwimmen. Die Gnocchi mit einem Schaumlöffel aus dem Wasser heben und kalt abschrecken. Portionsweise in heißer Butter schwenken und sofort servieren.

Nährwerte pro Portion à 125 g
154 kcal • 5 g E • 2 g F • 30 g KH

Schweizer Rösti

Der Aufwand lohnt sich

Für 4 Personen • braucht etwas Zeit
⏱ 10 Min. + 50 Min. Garzeit

500 g Kartoffeln • 4 TL Margarine • Salz • Pfeffer, frisch gemahlen • 50 g Sahne

- Kartoffeln in der Schale kochen. Heiß pellen und grob raffeln. Salz und Pfeffer unter die Kartoffelraffel rühren. 1 TL Margarine in einer Pfanne erhitzen. Ein Viertel der Kartoffelmasse in die Pfanne füllen und zu einem flachen Kuchen zusammendrücken. Zugedeckt braten.

- Damit die Rösti saftig bleiben, tropfenweise Sahne darüberträufeln. Ist die Unterseite gebräunt, die Rösti auf einen Deckel gleiten lassen und wieder in die Pfanne stürzen, dann von der anderen Seite bräunen. Nacheinander 4 Rösti backen und zugedeckt im 100 Grad heißen Backofen warm halten.

Das passt dazu Eine große Portion gemischter Salat und Spiegeleier reichen aus, um aus einem Rösti ein schönes Abendessen zu machen. Oder Sie belegen Ihre Rösti mit Räucherlachs!

Nährwerte pro Portion à 140 g
164 kcal • 3 g E • 8 g F • 20 g KH

Kartoffelkroketten

Selbst gemacht am besten

Für 4 Personen • laktosefrei
⏱ 30 Min.

500 g Kartoffeln • 1 Eigelb • 1 TL Margarine • Salz • Muskatnuss, frisch gerieben • Pflanzenöl zum Frittieren

- Kartoffeln in der Schale kochen, pellen und heiß durch eine Kartoffelpresse drücken. Eigelb, Margarine, Salz und Muskat einrühren und die Kartoffelmasse auskühlen lassen. Den Teig zu daumendicken Rollen formen und in etwa 4 cm lange Stücke schneiden.

- Öl in einem Frittiertopf erhitzen, bis sich bei Hineinhalten eines Holzlöffels kleine Bläschen am Löffelstiel bilden. Kartoffelkroketten darin goldgelb backen, abtropfen lassen und sofort servieren.

Variante Kartoffelkroketten roh zunächst in Eiweiß, dann in zerdrückten Mandelblättchen wenden und anschließend frittieren.

Tipp Der Krokettenteig lässt sich gut im Voraus zubereiten. Bewahren Sie ihn kühl auf.

Nährwerte pro Portion à 140 g
295 kcal • 4 g E • 22 g F • 20 g KH

Süßkartoffelpüree

Schöner Hingucker

Für 1 Person • gelingt leicht
⏱ 10 Min. + 20 Min. Garzeit

2 mittelgroße Süßkartoffeln • Salz • ¼ Tasse Kokosmilch • ½ TL Margarine • Muskatnuss, frisch gerieben

- Süßkartoffeln waschen und in Salzwasser gar kochen. Anschließend mit kaltem Wasser abschrecken und sofort pellen.

- Kokosmilch und Margarine erhitzen und die geschälten heißen Süßkartoffeln unter Zugabe von Salz und etwas Muskat pürieren.

Nährwerte pro Portion à 150 g
190 kcal • 3 g E • 2 g F • 37 g KH

❯❯ Schweizer Rösti

Kartoffeln : Beilagen

Kartoffelklöße

Zu Krustenbraten, Gulasch oder Wild

12 Stück • gelingt leicht
🕐 1 Std.

1 kg Kartoffeln (mehlig kochend) • 50 g glutenfreie Weißbrotreste • 2 EL Margarine • 1 – 2 Eier • 100 g Kartoffelmehl • Salz • Muskatnuss, frisch gerieben

● Die Kartoffeln in der Schale am Vortag kochen und heiß pellen. Weißbrot fein würfeln und in der Margarine anbraten. Die Kartoffeln fein reiben, Eier und Kartoffelmehl zugeben und gut untermengen. Mit Salz und Muskat abschmecken und aus dem Teig eine Rolle formen.

● 12 Stücke abteilen und mit angefeuchteten Händen zu glatten Klößen drehen. Dabei jeweils in die Mitte ein paar Brotbröckchen eindrehen. Reichlich Salzwasser in einem großen Topf aufkochen und die Klöße hineinlegen. Die Hitze reduzieren und die Klöße 20 Min. gar ziehen lassen.

Variante Auch gut mit angebratenen Speck- oder Zwiebelwürfelchen.

Nährwerte pro Stück à 100 g
135 kcal • 3 g E • 3 g F • 24 g KH

Semmelknödel

Aus altbackenem glutenfreiem Brot

12 Stück • braucht etwas mehr Zeit
🕐 20 Min. + 1 Std. Ruhezeit + 15 Min. Garzeit

500 g glutenfreies Weißbrot • ½ l Milch • 1 kleine Zwiebel • 100 g durchwachsener Speck • 2 EL Öl • 2 Eier (Gr. M) • Salz • Pfeffer, frisch gemahlen • 1 EL gehackte Petersilie • 3 – 5 EL Kartoffelmehl

● Das Weißbrot fein würfeln und mit kochender Milch übergießen. Zwiebel abziehen. Speck und Zwiebel sehr fein würfeln und im Öl glasig anbraten. Eier, Gewürze, Petersilie und Speck zugeben, gut verkneten und Kartoffelmehl (oder Pfeilwurzelstärke) hinzufügen.

● Den Teig mindestens 1 Std. ruhen lassen. Reichlich Salzwasser zum Kochen bringen. Aus dem Teig mit nassen Händen 12 Knödel formen und zunächst einen Probeknödel ins kochende Wasser geben. Die Hitze reduzieren, sodass das Wasser nur noch siedet. Falls der Knödel gut hält, alle weiteren zufügen und garen (Knödel schwimmen an der Wasseroberfläche, sobald sie gar sind).

Nährwerte pro Portion (2 Stück)
220 kcal • 5 g E • 12 g F • 24 g KH

Spätzle

Superlecker mit Sauce

Für 4 Personen • laktosefrei
🕐 10 Min. + 10 Min. Garzeit

250 g helle Mehlmischung glutenfrei • ½ TL Salz • evtl. Muskatnuss • 2 Eier (Gr. M) • 200 ml kaltes Wasser • 2 EL Butter

● Mehl und Salz mischen. Nach Geschmack etwas Muskatnuss zugeben. Die Eier mit 200 ml kaltem Wasser verquirlen und die Flüssigkeit mit dem Knethaken des Handrührgeräts unter das Mehlgemisch arbeiten, bis ein glatter Teig entstanden ist.

● Den Teig portionsweise in eine Spätzlepresse füllen und in kochendes Salzwasser geben bzw. von einem Brett aus ins Kochwasser hobeln. Spätzle einmal aufwallen lassen und dann mit einem Schaumlöffel herausnehmen. Sofort in einer großen Schüssel mit kaltem Wasser abschrecken. Die Spätzle vor dem Verzehr in heißer Butter schwenken.

Variante Für Käsespätzle gegarte Spätzle mit reichlich angebratenen Zwiebeln und 400 g geriebenem Emmentaler mischen.

Nährwerte pro Portion à 150 g
162 kcal • 2,5 g E • 4 g F • 29 g KH

Besonders gut zu süßsaurer Sauce
Reiskroketten

Für 4 Personen • braucht etwas Zeit
⊙ 40 Min. – 10 Min. Garzeit

250 g Langkornreis • ½ l Gemüsebrühe • 100 g Champignons • 1 Schalotte • 2 EL Butter • 2 EL gehackte Petersilie • 3 Eier • 6 EL glutenfreies Paniermehl • Öl zum Frittieren

● Den Reis nach Packungsanweisung in der Gemüsebrühe garen. Inzwischen die Pilze mit einem feuchten Tuch abreiben und sehr fein hacken. Die Schalotte abziehen, in feine Würfel schneiden und beides in der Butter andünsten. Die Petersilie untermischen.

● Das Gemüse mit dem Reis mischen, etwas abkühlen lassen und ein Eigelb einarbeiten. Öl in einem Frittiertopf erhitzen, bis sich bei Hineinhalten eines Holzlöffels kleine Bläschen am Löffelstiel bilden. Die restlichen 2 Eier verquirlen, Paniermehl in eine flache Schale füllen.

● Aus der Reismasse mit nassen Händen Kroketten formen und diese zunächst im Ei und danach im Paniermehl wenden. Die Kroketten sofort im heißen Fett ausbacken.

Nährwerte pro Portion
376 kcal • 10 g E • 10 g F • 60 g KH

Ideal als Fingerfood
Reispuffer

Für 2 Personen • laktosefrei
⊙ 40 Min.

125 g Reis • 100 g gekochter Schinken • ½ Bund Schnittlauch • 1 Ei (Gr. M) • 1 EL Reismehl • Salz • Pfeffer, frisch gemahlen

● Den Reis nach Packungsanweisung in Salzwasser gar kochen. Auf einem Sieb abtropfen lassen. Schinken fein würfeln, Schnittlauch abspülen, trocken schütteln und in Röllchen schneiden. Beides mit dem Reis, dem Ei und dem Reismehl vermengen. Mit Salz und frisch gemahlenem Pfeffer pikant abschmecken.

● Öl in einer Pfanne erhitzen und pro Reispuffer 1 EL der Masse in der Pfanne flach drücken. Beidseitig goldbraun braten.

Nährwerte pro Portion
438 kcal • 10 g E • 15 g F • 30 g KH

Würziger Tomatenreis
Djuvec-Reis

Für 4 Personen • laktosefrei
⊙ 10 Min. + 30 Min. Garzeit

½ Zwiebel • 1 Knoblauchzehe • 3 getrocknete Tomaten • 2 EL Olivenöl • 1 Tasse Langkornreis • bis zu 2 Tassen Gemüsebrühe • Salz • schwarzer Pfeffer • 1 EL Ajvar (Seite 93)

● Zwiebel und Knoblauch abziehen und sehr fein würfeln. Getrocknete Tomaten ebenfalls sehr klein schneiden. Tomaten, Zwiebel und Knoblauch in Olivenöl anschwitzen. Den Reis zugeben und glasig anschwitzen. Die Gemüsebrühe in kleinen Portionen hinzufügen und den Reis auf kleiner Flamme kochen, bis die Flüssigkeit aufgesaugt ist.

● Wenn der Reis weich ist, mit Salz, schwarzem Pfeffer und Ajvar (Seite 93) pikant abschmecken.

Nährwerte pro Portion
266 kcal • 7 g E • 4 g F • 36 g KH

Desserts und Süßspeisen

Die »Echte« mit Sago
Rote Grütze

Für 4–6 Personen • gelingt leicht
⏲ 10 Min. + 40 Min. Garzeit + Kühlzeit

750 g gemischte Beerenfrüchte (evtl. TK) • 75 g Zucker • 250 ml roter Fruchtsaft oder z. T. Rotwein • 65 g Perl-Sago (perlierte Stärke)

● Beeren mit dem Zucker mischen und Saft ziehen lassen. Dann kurz aufkochen und auf einem Sieb abtropfen lassen – den Saft auffangen.

● Den aufgefangenen Saft mit dem roten Fruchtsaft bis auf 250 g auffüllen und in einen Kochtopf geben. Sago unter Rühren einstreuen und aufkochen. Unter ständigem Rühren auf kleiner Stufe 30 Min. köcheln, der Sago sollte dabei klarer werden. Dann die Früchte zugeben und weitere 5 Min. kochen lassen.

● Die Grütze in eine Schüssel umfüllen, etwas Zucker auf die Oberfläche streuen und abgedeckt im Kühlschrank mehrere Std. durchkühlen. Dabei wird die Grütze fester und der Sago vollständig durchsichtig.

Das passt dazu Mit Vanillesauce oder Schlagsahne servieren – evtl. auch als Beigabe zu glutenfreiem Grieß- oder Reisbrei.

Variante Rote Grütze kann auch aus oder mit Kirschen aus dem Glas hergestellt werden. Dafür im Kirschsaft den Sago aufkochen und die Grütze mit Zimt oder Ingwer würzen.

Nährwerte pro Portion à 160 g
380 kcal • 1 g E • 0 g F • 92 g KH

Mit Mangopüree
Kokosmilchreis

Für 4 Personen • laktosefrei
⏲ 5 Min. + 30 Min. Garzeit

1 Dose Kokosmilch (400 ml) • ca. 150 g Rundkornreis oder Klebreis • 5 EL Zucker • 1 Prise Salz • 250 g frisches Mangofruchtfleisch • Zucker und Limettensaft nach Geschmack • 2 EL Kokosraspel

● Die Kokosmilch in einen Topf geben. Die leere Dose knapp zur Hälfte mit Reis füllen und diesen in den Topf geben. Evtl. kleben gebliebene Reste mit etwas Wasser nachspülen. Zucker und Salz dazugeben, verrühren und aufkochen.

● Den Reis auf ganz kleiner Flamme in 20–30 Min. ausquellen lassen. Immer wieder umrühren und bei Bedarf etwas Wasser dazugeben.

● Die Mango aus der Schale lösen und pürieren. Je nach Geschmack und Reife der Frucht etwas Limettensaft und evtl. Zucker beigeben. Die Kokosraspel trocken in einer Pfanne anrösten. Den Kokosmilchreis in kalt ausgespülte Dessertgläser füllen, obenauf das Fruchtmark platzieren und mit den gerösteten Kokosraspeln bestreuen.

Nährwerte pro Portion
206 kcal • 3 g E • 3 g F • 39 g KH

Ambrosiacreme

Ambrosia – Speise der Götter

Für 4 Personen • gelingt leicht
⏱ 15 Min. + mind. 2 Std. Kühlzeit

500 g Joghurt • 125 g Zucker •
1 Päckchen Vanillezucker • 1 cl Rum oder Orangensaft • 6 Blatt weiße Gelatine • 1 Blatt rote Gelatine •
2 EL Wasser

● Joghurt und Zucker mit dem Vanillezucker schaumig rühren. Den Rum bzw. Orangensaft hinzufügen. Die Gelatine in heißem Wasser auflösen und der Joghurtmasse unter ständigem Rühren zusetzen. Die Creme auf 4 Schälchen verteilen und kühl stellen.

Das passt dazu Mit Rumfrüchten und Mini-Makronen garnieren.

Tipp Gerade für Desserts braucht man Gelatine häufig – Achtung jedoch, wenn Sie gleichzeitig Südfrüchte wie Papaya, Kiwi, Ananas oder Mango verarbeiten möchten. Diese Obstsorten enthalten ein Enzym, das Eiweiß spaltet. Die Creme oder der Pudding geliert nicht. Wenn Sie diese Früchte mit Gelatine verarbeiten möchten, sollten Sie sie kurz erhitzen, damit das Enzym ausgeschaltet wird.

Nährwerte pro Portion
230 kcal • 7 g E • 4 g F • 36 g KH

Schokoladenflammeri

Köstlich mit guter Schokolade

Für 4 Personen • gelingt leicht
⏱ 10 Min. + 1 – 2 Min. Garzeit

gut ½ l Milch • 50 g Zartbitter-Schokolade • 1 TL Instantkaffee •
50 g Zucker • ¼ TL gemahlene Vanille • 40 g Maisstärke

● Von der kalten Milch 2 EL abnehmen und beiseitestellen. Restliche Milch mit der Schokolade, dem Kaffeepulver, Zucker und Vanille erhitzen, bis die Schokolade geschmolzen ist. Anschließend aufkochen lassen. Stärke mit der restlichen Milch anrühren und unter Rühren in die kochende Schokoladenmilch geben.

● Den Pudding unter Rühren noch 1 – 2 Min. weiterkochen lassen. Pudding in eine kalt ausgespülte Glasform füllen. Den kalten Flammeri nach Belieben z. B. mit Sahnetupfen oder Kokosraspeln garnieren.

Variante Die Schokoladenmilch mit 2 Tropfen Bittermandelöl würzen und zuletzt unter den Pudding 3 – 4 EL angeröstete, gehackte Mandelstücke rühren.

Nährwerte pro Portion à 150 g
206 kcal • 5 g E • 8 g F • 30 g KH

Vanillecreme

Auch gut als Topping für Cupcakes

Für 4 Personen • geht schnell
⏱ 10 Min.

gut ½ l Milch • 2 EL Zucker • 1 TL Butter • 1 Prise Salz • 1 Ei • 40 g Vanillepuddingpulver • 200 g Sahne • 1 TL Vanillezucker • 1 TL Pfeilwurzelstärke

● Von der kalten Milch 2 EL abnehmen und beiseitestellen. Zucker, Butter, Salz und Vanille zugeben und zum Kochen bringen. Das Ei trennen. Eigelb und Stärke und der restlichen Milch verrühren und in die kochende Milch einrühren.

● ½ Min. kochen lassen, dabei ständig rühren. Das Eiklar zu festem Schnee schlagen und zuletzt unter den heißen Vanillepudding ziehen. Pudding mit etwas Zucker bestreuen. Nach dem vollständigen Abkühlen die Sahne schlagen, dabei Vanillezucker und Pfeilwurzelstärke mischen und nach kurzem Anschlagen der Sahne einrühren. Die feste Sahne unter den abgekühlten Pudding ziehen – fertig ist die zarte Vanillecreme.

Nährwerte pro Portion
165 kcal • 5 g E • 6 g F • 22 g KH

❯ Vanillecreme

Cremes : Desserts und Süßspeisen 139

Desserts und Süßspeisen : Tiramisu, Obstsalat

Italienischer Klassiker
Tiramisu

Für 6 Personen • braucht etwas mehr Zeit
◷ 40 Min. + 30 Min. Backzeit + Kühlzeit

2 Rezepte Biskuitboden (Seite 60) • 6 Eigelbe • 6 Päckchen Vanillezucker • 600 g Mascarpone • 100 ml Amaretto (Mandel-Likör) • 150 ml Espresso oder starker Kaffee • 2 EL Kakao

● Ein Backblech mit Backpapier auslegen. Biskuitteig (doppelte Menge) nach Anweisung herstellen und auf dem Backblech verstreichen. Im vorgeheizten Backofen goldgelb backen. Die Kuchenplatte auf ein Kuchengitter stürzen und unter einem Tuch auskühlen lassen.

● Eine rechteckige Auflaufform (ca. ½ Backblechgröße) bereitstellen. Evtl. mit Alufolie auskleiden. Die Eigelbe mit dem Vanillezucker hellgelb und dickschaumig aufschlagen. Mascarpone unterrühren.

● Eine halbe Biskuitplatte in die vorbereitete Form legen. Amaretto und Espresso mischen und den Biskuitboden damit tränken. Darauf die Hälfte der Mascarponecreme verteilen.

● Die Cremeschicht mit der 2. Biskuitplatte belegen und diese wiederum mit der Likör-Kaffee-Mischung tränken. Die letzte Schicht bildet die restliche Creme. Das Tiramisu mehrere Std. im Kühlschrank durchziehen lassen. Vor dem Servieren dick mit Kakao bestäuben.

Nährwerte pro Portion
364 kcal • 6 g E • 34 g F • 15 g KH

Mit Honigschaum
Orangensalat

Für 4 Personen • gelingt leicht
◷ 40 Min.

3 unbehandelte Orangen • 1 Grapefruit • 1 EL Orangenlikör • 2 EL brauner Zucker • 100 g flüssiger Honig • 1 frisches Ei • 250 g Sahne • Pistazien zum Garnieren

● Die Orangen mit heißem Wasser abwaschen und mit einem Zestenreißer einige Schalenstreifen abziehen. Orangen und Grapefruit mit einem scharfen Messer sorgfältig abschälen, sodass nichts von der weißen Haut übrig bleibt. Die Filets aus den Trennhäuten herausschneiden und den dabei austretenden Saft auffangen. Zucker und Likör mit dem Saft vermischen und die Fruchtfilets darin ca. 20 Min. marinieren.

● Den Honig, das Ei und den Zitronensaft gut verrühren und dann mit der Sahne vermischen. Alles in ein Sahnegerät (»Sahne-Fee«) füllen, das Gerät schließen und die Sahnekapsel in die Halterung eindrehen. Sahne-Fee mehrfach schütteln. Die Fruchtfilets auf 4 Tellern anrichten.

● Den Honig-Sahne-Schaum direkt auf den marinierten Früchten anrichten und mit Pistazien und Orangenschale dekorieren – sofort servieren.

Variante Sollten Sie kein Sahnegerät besitzen, kann die Sahnecreme natürlich auch mit einem Handmixer aufgeschlagen werden. Das klappt ebenso gut, kostet etwas mehr Zeit.

Nährwerte pro Portion
354 kcal • 5 g E • 20 g F • 36 g KH

❯❯ Tiramisu

Prima mit einem gutem Dessertwein
Russische Weincreme

Für 6 Personen • braucht etwas Zeit
⊘ 20 Min. + Kühlzeit

3 Eier • 200 g Zucker • abgeriebene Schale von 1 Zitrone oder Orange • 4 EL Orangensaft • 2 EL Zitronensaft • ¼ l Weißwein • 2 – 4 EL Rum • 8 Blatt weiße Gelatine • ¼ l Schlagsahne

● Eier trennen. Eigelbe und Zucker schaumig schlagen. Zitrusabrieb, Orangen-, Zitronensaft und Wein zufügen und mit Rum abschmecken. Gelatine in kaltem Wasser einweichen, gut ausdrücken und in einem kleinen Topf bei schwacher Hitze auflösen.

● Zunächst etwas Weinmasse zur Gelatine rühren, dann die aufgelöste Gelatine in die ganze Weincreme einrühren. Die Rührschüssel kalt stellen. Das Eiklar zu festem Schnee aufschlagen. Die Sahne steif schlagen. Sobald die Weincreme so fest ist, dass ein durchgezogener Löffel Spuren hinterlässt, die Sahne unterheben. Russische Weincreme in Portionsschälchen füllen und bis zum Verzehr kalt stellen.

Nährwerte einer Portion à 160 g
350 kcal • 6 g E • 16 g F • 36 g KH

Prima vorzubereiten
Vanilleeis

Für 6 Personen • braucht etwas Zeit
⊘ 1 Std. + mehrere Std. Kühlzeit

¼ l Milch • ½ TL gemahlene Vanille • 75 g Zucker • 2 Eigelbe • ¼ l Schlagsahne

● Milch mit Vanille und Zucker aufkochen. Die Eigelbe mit dem Handrührgerät aufschlagen und unter Rühren die heiße Milch zugießen. Am besten über Nacht im Kühlschrank erkalten lassen.

● Die Sahne steif schlagen und untermischen. Die Masse in einer kleinen Aluschüssel mit Deckel einfrieren. Dabei etwa jede Stunde einmal gründlich umrühren, damit sich keine zu großen Eiskristalle bilden.

Variante Für Fruchteis 250 g pürierte Früchte (z. B. Beeren, Bananen oder Erdbeeren) unterrühren. Für Schokoladeneis 80 g gehackte Schokolade und 1 TL Kakaopulver mit der Milch aufkochen. In die fertige Eismasse vor dem Einfrieren kleine Schokostückchen einrühren.

Nährwerte pro Portion à 100 g
224 g kcal • 4 g E • 16 g F • 16 g KH

Mit Rosinen
Hefeteigplinsen

12 Stück • gelingt leicht
⊘ 40 Min. + 20 Min. Garzeit

500 g Grundmehlmischung (Seite 100) • 5 g Trockenhefe • 75 g Zucker • 1 TL Salz • 250 g Quark • 1 Ei • 400 ml warme Milch • 80 g Rosinen • Öl zum Ausbacken • Zimt • Apfelmus

● Die Grundmehlmischung mit Hefe, Zucker und Salz mischen. Quark, Ei und warme Milch zugeben und zu einem glatten, dickflüssigen Teig verrühren. Den Teig 30 Min. ruhen lassen.

● Die Rosinen kurz einweichen und in den Teig einrühren. In einer Pfanne in heißem Öl bei mittlerer Temperatur 12 dicke, kleine Pfannkuchen backen. Die Pfannkuchen mit Zucker und Zimt bestreuen und noch warm zu Apfelmus servieren.

Variante Den Teig können Sie auch fettsparend im Waffeleisen ausbacken.

Nährwerte pro Stück
246 kcal • 7 g E • 3 g F • 48 g KH

Mit zart schmelzendem Schokokern
Lava-Törtchen

Für 6 Personen • raffiniert
⏲ 20 Min. + 18–25 Min. Backzeit

100 g Butter • 100 g Zucker • 100 g Schokolade • 60 g Grundmehlmischung (Seite 100) • 4 Eier

● 6 Förmchen (z. B. aus Silikon) mit Butter fetten und mit Zucker ausstreuen. Den Backofen auf 180 Grad (Ober-/Unterhitze) vorheizen. Schokolade und Butter im Wasserbad schmelzen. Zucker und Grundmehlmischung mischen, mit einem Pürierstab mit den Eiern und der Schokomasse glatt verrühren, jedoch keinesfalls schaumig schlagen.

● Masse sofort auf die Förmchen verteilen (max. ¾ der Höhe) und im den heißen Backofen je nach Formengröße 18–25 Min. backen – der Teig muss deutlich aufgegangen sein, die Oberfläche trocken. Die Lava-Törtchen aus den Förmchen sofort auf Teller stürzen.

Das passt dazu Lecker mit pürierter Fruchtsauce und Schlagsahne. Mit etwas Chili werden die Törtchen feurig-süß.

Nährwerte pro Portion
399 kcal • 6 g E • 25 g F • 38 g KH

Pfannkuchentorte

Kinder lieben diese Süßspeise

Für 6 Personen • laktosefrei
⏱ 10 Min. + 15 Min. Garzeit

5 Eier • 2 Päckchen Vanillezucker • 200 g Maisgrieß (möglichst fein) • Pflanzenöl zum Braten • 100 g Erdbeermarmelade • 1–2 EL Puderzucker

● Eier mit dem Vanillezucker schaumig rühren. Den Maisgrieß unterrühren und den Teig 30 Min. quellen lassen. In reichlich heißem Öl 5–6 Pfannkuchen ausbacken.

● Die Pfannkuchen abwechselnd mit der Erdbeermarmelade zu einem Turm aufschichten. Dick mit dem Puderzucker bestäuben. Den Pfannkuchenturm wie eine Torte in 6 Portionen schneiden. Dazu schmeckt Vanillesauce oder Kompott.

Das passt dazu Die Pfannkuchen mit oder ohne Füllung aufrollen. Als Füllung eignet sich Apfelmus, Ihre Lieblingskonfitüre, Nuss-Nougat-Creme und Zucker sowie Zimt und Zucker zum Bestreuen. Pikante Pfannkuchen schmecken sehr gut mit Ratatouille, Hackfleischsauce oder angedünsteten Pilzen.

Nährwerte pro Portion
400 kcal • 9 g E • 22 g F • 40 g KH

Blaubeerpfannkuchen

Süß und fruchtig

Für 4 Personen • gelingt leicht
⏱ 15 Min. + 20 Min. Backzeit

2 Eier • 1 Pr. Salz • 160 ml Milch • 2 EL Zucker • 60 g Grundmehlmischung (Seite 100) • 200 g Blaubeeren • Öl zum Ausbacken • Puderzucker

● Eier trennen. Das Eiklar mit Salz zu festem Schnee schlagen. Eigelbe, Milch und Zucker verquirlen und mit der Mehlmischung zu einem glatten Teig rühren. Zuletzt den Eischnee unterziehen.

● Blaubeeren waschen und verlesen. Etwas Öl in einer beschichteten Pfanne erhitzen und je eine Kelle Teig in die Pfanne einfüllen. Etwa ein Viertel der Blaubeeren direkt auf den Teig geben. Wenn dieser stockt, den Pfannkuchen vorsichtig wenden und noch wenige Min. auf der Obstseite backen. Die Pfannkuchen mit Puderzucker bestreut lauwarm servieren.

Nährwerte pro Pfannkuchen
200 kcal • 5,5 g E • 7,7 g F • 25 g KH

Eierpfannkuchen

Einfach und gut

Für 2 Personen • preisgünstig
⏱ 20 Min. + 10 Min. Garzeit

2 Eier (Gr. M) • 1 Prise Salz • ⅛ l Milch • 100 g Reismehl • ½ TL Backpulver • ⅛ l Wasser • 2 TL Margarine

● Eier, Salz und Milch verquirlen. Das Reismehl mit dem Backpulver mischen und zur Eiermilch geben. Alles glatt rühren und den Teig mindestens 15 Min. quellen lassen.

● Maximal ½ l Wasser nach und nach hinzugeben, bis der Teig dickflüssig ist. In einer Pfanne jeweils einen ½ TL Margarine schmelzen und nacheinander 4 dünne Eierpfannkuchen ausbacken.

Variante Geben Sie in den Teig 2 EL Schnittlauchröllchen. Nach dem Ausbacken und Rollen in feine Streifen schneiden und als Einlage in Suppe servieren.

Nährwerte pro Stück (ohne Füllung)
182 kcal • 7 g E • 7 g F • 24 g KH

» Blaubeerpfannkuchen

Pfannkuchen : Desserts und Süßspeisen   145

Desserts und Süßspeisen : Kirschenmichl, Schupfnudeln

Pikant oder süß – immer lecker
Schupfnudeln

Für 6 Personen • braucht etwas Zeit
⏱ 1 Std.

500 g mehlig kochende Kartoffeln • 1 Ei • 5 EL Kartoffelmehl • Salz • Pfeffer, frisch gemahlen • Muskatnuss • 80 g Butter

● Die Kartoffeln in der Schale kochen, abschrecken, pellen und etwas abkühlen lassen. Durch eine Presse drücken und mit Ei und Kartoffelmehl, Salz sowie den Gewürzen zu einem glatten Teig verarbeiten. Sollte der Teig zu fest und brüchig sein, ein weiteres Eigelb einarbeiten.

● Den Teig auf einem mit Kartoffelmehl bestäubten Brett zu Rollen formen und Stücke abschneiden. Diese mit den Händen zu fingerdicken Nudeln drehen.

● Die Schupfnudeln in siedendem Salzwasser garen, bis sie oben schwimmen. Mit einem Schaumlöffel vorsichtig abtropfen lassen. Butter zerlassen und die Nudeln darin schwenken.

Das passt dazu Herrlich sind Schupfnudeln zur süßen Mohnsauce.

Nährwerte pro Portion à 110 g
200 kcal • 3 g E • 12 g F • 20 g KH

Resteverwertung
Kirschenmichl

Für 8 Personen • braucht etwas Zeit
⏱ 30 Min. + 50 Min. Backzeit

800 g süße Kirschen • 250 g altbackenes glutenfreies Weiß- oder Toastbrot (Seite 52) • 300 ml Milch • 3 Eier (Gr. M) • 80 g Zucker • abgeriebene Schale von 1 Zitrone • 1 TL gemahlene Vanille • ½ TL Zimt • 2 EL Butter • Puderzucker

● Kirschen entsteinen. Brot in Scheiben schneiden und jeweils vierteln. Milch, Ei, Zucker, Zitrone, Vanille und Zimt verrühren. Eine große Auflaufform buttern und mit Brot auslegen. Kirschen daraufgeben, dann Brotstücke, wieder Kirschen – zuletzt eine Lage Brot. Die Eiermilch über Brot und Kirschen verteilen. Obenauf Butterflöckchen setzen. 10 Min. stehen lassen.

● Den Backofen auf 200 Grad (Umluft 180 Grad) vorheizen. Den Kirschenmichl im Backofen zugedeckt etwa 40 Min. backen, dann weitere 10 Min. ohne Abdeckung goldbraun werden lassen. Mit Puderzucker bestreuen.

Nährwerte pro Portion
230 kcal • 5 g E • 8 g F • 34 g KH

Wunderbar zu Schupfnudeln
Süße Mohnsauce

Für 6 Personen • geht schnell
⏱ 10 Min.

100 g gemahlener Mohn • 175 g Zucker • ½ TL Zimt, gemahlen

● Mohn mit ¼ Liter Wasser, Zucker und Zimt aufkochen und dann bei schwacher Hitze 10 Min. einkochen lassen. Die Sauce separat zu den Schupfnudeln reichen.

Das passt dazu Die süße Mohnsauce schmeckt auch zu Pfannkuchen, Buchteln und anderen süßen Hauptgerichten.

Nährwerte pro Portion
198 kcal • 3 g E • 7 g F • 30 g KH

Süße Hauptmahlzeit
Quark-Grieß-Klöße

Für 4 Personen • preisgünstig
🕐 10 Min. + 5 Min. Garzeit

1 TL Salz • 500 g Magerquark • 100 g Zucker • 2 Eier • 50 g Maisstärke • 1 EL Maisgrieß • 20 g Korinthen • abgeriebene Schale von 1 Zitrone

● In einem großen Topf etwa 2 Liter Wasser mit dem Salz aufkochen. Die Temperatur reduzieren, sodass das Wasser nur noch siedet. Alle Zutaten und eine 1 Prise Salz zu einem weichen Teig verrühren. Mit 2 EL kleine längliche Klöße abstechen und sofort in das siedende Wasser geben.

● Die Klöße bei nahezu geschlossenem Deckel 5 Min. garen und nach Belieben mit zerlassener Butter und Kompott servieren.

Nährwerte pro Portion à 200 g
280 kcal • 20 g E • 4 g F • 46 g KH

Für jeden Anlass
Das schmeckt auch meinen Gästen

Brunch

Wunderbar, seine Freunde für ein ausgedehntes Brunch einzuladen – auch ohne Glutenhaltiges macht Brunchen viel Spaß. Diese Köstlichkeiten lassen sich prima vorbereiten:

- S. 40 Blaubeersmoothie
- S. 129 Wraps
- S. 44 Bagels
- S. 43 Kastanien-Schinken-Brötchen
- S. 48 Quarkbrot
- S. 38 Schafskäse-Zucchini-Spieße
- S. 40 Luftiges Rührei
- S. 132 Schweizer Rösti

Lockere Einladung

Für liebe Freunde zu kochen macht Spaß. Besonders schön ist es, wenn das Kochen nicht zu viel Arbeit macht und noch genug Zeit zum Quatschen bleibt.

- S. 124 Bruschetta
- S. 118 Sepia-Tagliatelle mit Chili-Tomaten-Sugo und Garnelen
- S. 140 Tiramisu

Klassisch für Gäste

Genau das Richtige für alle, die mit großem Appetit am Tisch sitzen und eine Schwäche für Deftiges mitbringen.

- S. 117 Brokkoli-Soufflé
- S. 120 Lamm in der Kräuter-Brotkruste
- S. 143 Lava-Törtchen

Zum Grillfest

Laue Temperaturen, eisgekühlter Weißwein, die besten Freunde sind eingeladen – perfekte Voraussetzungen für ein Grillfest.

- S. 50 Goldbraun gegrillte Maisbrotscheiben
- S. 98 Lammkoteletts, eingelegt in Grill-Gewürz-Marinade
- S. 98 Gemischter Salat mit selbst gemachtem Dressing
- S. 140 Orangensalat

Partybüfett

Für Gesellschaften ab 10 Personen eignet sich besonders gut ein Büfett. So kann sich jeder selbst bedienen, die Gäste kommen leichter ins Gespräch und Sie geraten nicht in den Stress, jeden Gang servieren zu müssen. Hier finden Sie kalte und warme Köstlichkeiten, die auf Ihrem Büfett nicht fehlen dürfen.

- S. 43 Kastanien-Schinken-Brötchen
- S. 44 Bagels
- S. 98 Gegrillte Hühnchenspieße
- S. 125 Hummus
- S. 124 Schnittlauchdip
- S. 125 Tzatziki
- S. 117 Sushi
- S. 124 Bruschetta
- S. 129 Wraps
- S. 126 Gazpacho
- S. 137 Rote Grütze
- S. 110 Hirsebratlinge
- S. 112 Tofubratlinge
- S. 123 Galettes

Fingerfood

Leckere Gerichte, die sich gut vorbereiten und sich prima ohne Besteck essen lassen:

S. 123 Galettes
S. 129 Wraps
S. 124 Bruschetta
S. 117 Sushi
S. 128 Partybrötchen

Kaffeebesuch

Leckere Kuchen und süße Sachen für einen ausgedehnten Kaffeeklatsch. Sie sind auf der sicheren Seite – alles glutenfrei.

S. 70 Zwetschgendatschi
S. 80 Windbeutel
S. 57 Marmorkuchen
S. 60 Rotweinkuchen
S. 77 Orangen-Hirse-Waffeln

Picknick

Ein Picknick im Freien ist schön zwanglos und beliebt. Hier eine Auswahl von Köstlichkeiten, die Sie zum Teil schon am Vortag zubereiten können.

S. 125 Hummus
S. 129 Wraps
S. 110 Hirsebratlinge
S. 135 Reiskroketten
S. 44 Bagels
S. 76 Zucchinimuffins
S. 75 Schokomuffins

Kindergeburtstag

Garantiert glutenfrei und garantiert heiß begehrt bei allen Kindern.

S. 77 Bananen-Nuss-Muffins
S. 86 Donuts
S. 59 Maulwurfkuchen
S. 63 Kalter Hund
S. 79 Lustige Amerikanergesichter
S. 105 Pizza
S. 138 Schokoladenflammeri

Weihnachtsmenü

An Weihnachten soll es etwas Besonderes geben. Gleichzeitig wollen wir nicht den ganzen Tag am Herd stehen.

S. 98 Gemischter Salat mit selbst gemachtem Dressing
S. 123 Galettes mit Crème fraîche und Forellenkaviar
S. 120 Jakobsmuscheln auf Quinoabett
S. 137 Rote Grütze

Hersteller glutenfreier Lebensmittel

Wer	Was	Wo
Bösen Backwaren GmbH Max-Planck-Ring 30 – 32 40764 Langenfeld	Produkte der Fa. Sibylle-Diät und Terra Nova haltbare Brote, Knäckebrot, Gebäcke, Riegel, Teigwaren und Mehlmischungen	Reformhaus Supermarkt
Bofrost Dienstleistungs GmbH & Co KG An der Ölmühle 6 47638 Straelen	Tiefkühl-Produkte Extrakatalog »free from« mit glutenfreier Auswahl an TK-Backwaren, Teigwaren, Fertiggerichten, Pizza und Eis	Haus-Anlieferung
Casa Nova Pristl GmbH Gaußstr. 4 71691 Freiberg/Neckar Tel. (0 71 41) 388 16 51 www.sz-glutenfrei.de	Mehlmischungen, Reisgrieß und -flocken, Brote, Gebäck	Direktverkauf, Versand
Hammermühle GmbH Postfach 1164 67485 Maikammer Tel. (0 63 21) 958 90 www.hammermuehle.de	Mehlmischungen, Backzutaten, Frisch- und Dauerbrote, Brötchen, Kuchen, Gebäcke, Teigwaren, Müsli und Cornflakes	Versand und Direktverkauf Supermarkt Reformhäuser Internetshop
Haus Rabenhorst Scheurener Str. 4 53572 Unkel Tel. (0 22 24) 18 05 24 www.3pauly.de	Drei Pauly-Produkte: haltbares Brot, Mehlmischungen, Teffmehl, Teigwaren, Gebäck, Cornflakes und Müsli	Neuform-Reformhäuser Internetshop
Hanneforth food for you GmbH Kampstr. 1 32805 Horn-Bad Meinberg Tel. (0 52 34) 20 39 68 www.hanneforth.de	Frischbrote und -brötchen, Kuchen, Kekse, Mehlmischungen	Versand Internetshop
MetaX Institut für Diätetik Dieselstr. 23 61191 Rosbach Tel. (0 60 03) 91 90 90 www.metax.org	Semper-Produkte: Mehlmischungen, Dauerbrot, Gebäcke, Teigwaren	Versand
MGB food company 08371 Glauchau Tel. (0 37 63) 44 28 72 www.meingesundesbrot.de	Frischbrot, Kuchen und Kekse, Nudeln, Dosenwurst, Mehlmischungen	Versand Internetshop

Hersteller glutenfreier Lebensmittel

Wer	Was	Wo
Pro Gusto Colonia Katharina Pitz Viehtrift 46 51147 Köln Tel. (0 22 03) 966 23 10 www.glutyfreeshop.de	haltbare Brote und Backwaren, Dauerbackwaren, Teigwaren, Mehlmischungen	Internetshop
Seitz GmbH Mühlgasse 22 78549 Spaichingen Tel. (0 74 24) 98 23 99 35 www.seitz-food.com	haltbare Brote, Müsli, Mehlmischungen, Teigwaren, Riegel, Kekse, Suppen	Supermarkt
Spezialdiätbäckerei Poensgen Nothberger Str. 68 52249 Eschweiler Tel. (0 24 03) 200 15	Mehlmischungen, Frischbrote, Brötchen, Dauerbrote, Kuchen, Gebäcke, Teigwaren	Versand und Direktverkauf
Dr. Schär GmbH Winkelau 5 I-39014 Burgstall/Postal	Komplettes Produktsortiment Dr. Schär	Reformhäuser, Drogeriemarkt, Supermarkt Internetshop
Schnitzer GmbH Marlener Str. 9 77656 Offenburg Tel. (07 81) 504 75 40 www.schnitzer-bio.de	Bio- und Vollkornbrote, Gebäcke Teigwaren NoGrano-Produkte	Reformhäuser und Direktversand
Toseno GmbH Am Neuländer Baggerteich 2 21079 Hamburg Tel. (0 40) 76 61 63 10	Mehlmischungen, Backzutaten, Bindemittel, Maiskleie	Versand
Werz Naturkornmühle Stäffeleswiesen 28/30 89522 Heidenheim Tel. (0 73 21) 510 18 www.vollwertcenter.de	glutenfreie Vollkornartikel: Backmischungen, Dauerbrote, Gebäcke, Teigwaren Einzelmehle und Flocken	Reformhäuser Versand
Wiechert & Co. An der Alster 10 20099 Hamburg Tel. (0 40) 33 50 87	Mehlmischungen, Müsli	Versand

Rezeptverzeichnis

A
Aioli 96
Amaranthbratlinge 112
Ambrosiacreme 143
Amerikaner 79
Apfel
- Apfel-Tomaten-Chutney 93
- Apfelstrudel 68
- Apfeltorte 61
Aubergine, Ajvar 93
Ausbackteig 101

B
Bagels 44
Baisers 78
Bananen-Energie-Start 40
Bananen-Nuss-Muffins 77
Basismüsli 36
Beeren
- Blaubeerpfannkuchen 148
- Rote Grütze 142
Biskuit
- Biskuitboden 60
- Biskuitzungen 78
- Erdbeer-Kuppel-Torte 72
- Tiramisu 144
Blaubeerpfannkuchen 148
Blaubeersmoothie 40
Blitz-Eis 9
Brandteig, Windbeutel 80
Brokkoli-Soufflé 117
Brownies 75
Bruschetta 125
Buchweizenfrikadellen 110
Buttermilch-Kartoffel-Brot 54

C
Cantuccini 88
Cornflakespanade 101
Crostini 8

D
Djuvec-Reis 138
Donuts 86

E
Eier
- Eierpfannkuchen 148
- Luftiges Rührei 40
Einfache Salatsauce 98
Erdbeer-Kuppel-Torte 72
Erdnusssauce 97

F
Fruchtiger Rührkuchen 63

G
Gazpacho 128
Gemüsebrühe 100
Gemüsecremesuppe 130
Gnocchi 134
Grill-Gewürz-Marinade 98
Grundmehlmischung 100
Grundsauce, helle 92

H
Hackfleisch-Gemüse-Pfanne 104
Hackfleischfrikadellen 112
Hefeteig
- Bagels 44
- Buttermilch-Kartoffel-Brot 54
- Hefe-Nuss-Schnecken 83
- Hefeteigplinsen 147
- Kastanien-Schinken-Brötchen 43
- Quarkbrot 48
- Quarkbrötchen 43
- Rosinenbrötchen 44
- Rosinenstuten 46
- Rustikales Kartoffelbrot 48
- Sauerteig-Mischbrot 50
- Schokobrötchen 46
- Sonnenblumenkernbrot 54
- Teffbrot 52
- Toastbrot 52
- Zwetschgendatschi 70
Heiße Schokolade 37
Helle Grundsauce 92
Hippen 78
Hirse
- Hirse-Porridge 35
- Hirseauflauf 103
- Hirsebratlinge 110
- Hirseklößchensuppe 130
- Hirsepuffer 110
Hochzeitstorte 66
Honigmarinade, pikante 98

J
Jakobsmuscheln auf Quinoabett 122
Joghurt, selbst gemachter 38

K
Kalter Hund 63
Karotten-Schmand-Schnitten 64
Kartoffeln
- Gnocchi 134
- Kartoffelbrot, rustikales 48
- Kartoffelklöße 136
- Kartoffelkroketten 135
- Kartoffelpuffer 128
- Kartoffelschnee 91
- Kartoffelsuppe 114
- Papas aragudas 129
- Rosmarinkartoffeln 134
- Schupfnudeln 150
- Schweizer Rösti 135
Käsekuchen 70
Kastanien-Schinken-Brötchen 43
Kindergeburtstag 153
Kirschenmichl 149
Kokosmilch
- Blaubeersmoothie 40
- Kokosmilchreis 142
- Thai-Kokosmilch-Curry 108
- Zucchini-Kokos-Suppe 114
Kürbiscremesuppe 114

L
Lamm in der Kräuter-Brotkruste 120
Lava-Törtchen 147
Linzer Torte 64
Luftiges Rührei 40

M
Mailänder Risotto 103
Maisbrot mit Backpulver 50
Mandelpanade 100
Mandelwaffeln 77
Mango
- Kokosmilchreis 142
- Müsli mit frischen Früchten 35
Marmorkuchen 57
Marzipanrohmasse 59
Maultaschen, vegetarische 106
Maulwurfkuchen 59
Mayonnaise 97
Mohnsauce, süße 150

Muffins
- Bananen-Nuss-Muffins 77
- Schokomuffins 75
- Zucchinimuffins 76
Mürbeteig, Tartelettes 86
Müsli mit frischen Früchten 35
Müsliriegel 80

N
Nusskuchen 60

O
Olivencreme 96
Orangen-Hirse-Waffeln 77
Orangensalat 144

P
Pancakes 36
Papas aragudas 129
Paprika
- Ajvar 93
- Gazpacho 128
- Paprikagulasch 108
Partybrötchen 129
Pfannkuchentorte 148
Pikante Honigmarinade 98
Pizza 105
Polenta 91

Q
Quark
- Bananen-Energie-Start 40
- Quark-Grieß-Klöße 150
- Quarkbrot 48
- Quarkbrötchen 43
Quark-Öl-Teig
- Donuts 86
- Pizza 105
- Schoko-Nuss-Hörnchen 85
Quinoa
- Jakobsmuscheln auf Quinoabett 122
- Quinoapfanne 104

R
Reis
- Djuvec-Reis 138
- Mailänder Risotto 103
- Reiskroketten 138
- Reispuffer 138
- Sushi 117

- Tofubratlinge 112
- Waldpilzrisotto 8
Rosinenbrötchen 44
Rosinenstuten 46
Rosmarinkartoffeln 131
Rote Grütze 142
Rotweinkuchen 60
Rührteig
- Amerikaner 79
- Apfeltorte 61
- Fruchtiger Rührkuchen 63
- Karotten-Schmand-Schnitten 64
- Marmorkuchen 57
- Maulwurfkuchen 59
- Rotweinkuchen 60
- Sandkuchen 57
Russische Weincreme 146
Rustikales Kartoffelbrot 48

S
Salatsauce, einfache 98
Sandkuchen 57
Sauerbratenmarinade 95
Sauerteig-Mischbrot 50

Schafskäse-Zucchini-Spieße 38
Schleimhautschäden 19
Schnittlauchdip 125
Schokolade
- Schoko-Nuss-Cookies 88
- Schoko-Nuss-Hörnchen 85
- Schokobrötchen 46
- Schokocrossies 86
- Schokolade, heiße 37
- Schokoladenflammeri 143
- Schokomuffins 75
- Schokomüsli 36
Schupfnudeln 150
Schweizer Rösti 135
Selbst gemachter Joghurt 38
Semmelknödel 137
Sepia-Tagliatelle mit Chili-Tomaten-Sugo und Garnelen 118
Sonnenblumenkernbrot 54
Spätzle 137
Streusel 70
Strudelteig 68
Suppengewürz 97

Süße Mohnsauce 150
Sushi 117
Süßkartoffelpüree 136

T
Tartelettes 86
Teffbrot 52
Thai-Kokosmilch-Curry 108
Tiramisu 144
Toastbrot 52
Tofubratlinge 112
Tomaten
- Apfel-Tomaten-Chutney 93
- Bruschetta 125
- Chili-Tomaten-Sugo 118
- Gazpacho 128
- Tomatenketchup 95
- Tomatensauce 92

V
Vanillecreme 143
Vanilleeis 146
Vegetarische Maultaschen 106

W
Waffeln
- Hippen 78
- Mandelwaffeln 77
- Orangen-Hirse-Waffeln 77
Waldpilzrisotto 8
Weincreme, russische 146
Windbeutel 80
Wraps 129

Z
Zucchini
- Schafskäse-Zucchini-Spieße 38
- Zucchinimuffins 76
Zwetschgendatschi 70

Stichwortverzeichnis

A
Allergien-Kennzeichnungs-
   verordnung   15
Autoimmun-Erkrankungen   12

B
B-Vitamine   12
Backpapier   14
Ballaststoffe   12
Bananenmehl   29
Bier   16
Biopsie   11
Brotkasten   14
Brühwürfel   23

D
Darmzotten   11
Dermatitis herpetiformis
   Duhring   11
Diätprodukte   16
Dünndarmschleimhaut   10

E
Eisenmangel   11
Erdmandeln   29
Ersatzgetreide   28
Esskastanien   29

F
FAQ   18
Flohsamen   29
Fruchtfasern   29

G
Getreideeiweiß   12
Glukosesirup   16
Gluten   12
glutenfreie Weizenstärke   20
Guarkernmehl   29

H
Hafer   13
Handtaschenbrot   25
Haupt-Allergene   15
Hefeteig   22

I
IgA-Gliadin   11
IgA-Transglutaminase   18
IgG-Gliadin   11

J
Johannisbrotkernmehl   29

K
Kalzium   12
Klebereiweiß   12

Kontamination   17
Kontaminationen   15

L
Laktose-Intoleranz   13
– laktosefreie
   Milchprodukte   13

M
Maltodextrine   16
Maniok   29
Mehlmischungen   16
Mehlstaub   17
Milchzucker   13
Mineralstoffmangel   12

O
Osteoporose   12

P
Pflanzenfasern   29
Picknick   25
Psyllium   29

Q
Quellmittel   29

R
Reisflocken   23
Restaurant   25

S
Sojamehl   28
Speisekarte   25
Stärkeprodukte   28
Symptome   11

T
Toaster   14

U
Umluft   21
Umstellung   14

V
Verdickungsmittel   21, 29
Vitaminmangel   12

W
Waffeleisen   14
Weizeneiweiß, hydrolisier-
   tes   15

Z
Zwietrieb-Methode   22

„Maßgeschneiderte Lösungen bei Zöliakie – darum vertraue ich auf Betagluten und Abdigest!"

vegan

Rundum gut versorgt mit Betagluten

Sie meiden Getreide? Dann ist BETAGLUTEN genau das Richtige für Sie! Mit nur einer Kapsel pro Tag ergänzen Sie Ihre glutenfreie Ernährung bei Zöliakie und Gluten-Sensitivität mit den lebenswichtigen Vitaminen, Mineralstoffen und Spurenelementen, die im Getreide überwiegend enthalten sind. Und das komplett glutenfrei – probieren Sie es aus!

Probiotische Darmbesiedelung mit Abdigest

Die mikrobielle Besiedelung der menschlichen Darmflora leistet einen wesentlichen Beitrag zu Gesundheit und Wohlbefinden von Zöliakie-Betroffenen. Auch während und nach Antibiotika-Einnahme sind Aufbau und Erhalt einer probiotischen Symbiose unverzichtbar. ABDIGEST unterstützt Sie dabei mit 16 Mrd. Lebendkulturen aus 8 Stämmen – und das jeden Tag!

Jetzt testen!

Abdigest
Probiotische Darmbesiedelung

16 Mrd. Lebendkulturen pro Tag aus acht Stämmen humaner Herkunft. Gelatinefreie Mikroverkapselung. Geeignet bei Zöliakie.

Inhalt: 60 Kapseln
PZN 9768760

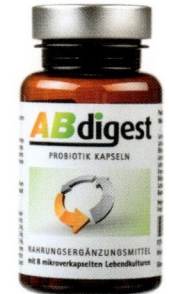

Betagluten
Vitalstoffe bei glutenfreier Kost

Spezielle Nährstoffkombination zur Ergänzung einer glutenfreien Ernährung aufgrund von Zöliakie oder Gluten-Sensitivität

Inhalt: 60 Kapseln
PZN 10992379

Sie wünschen persönlichen Kontakt mit der Autorin?

Fragen Sie nach aktuellen Terminen für

- ✗ glutenfreie Backkurse in der praxis-eigenen Lehrküche
- ✗ Schulungen und Tages-Seminare
- ✗ oder auch Individual-Beratungen

Andrea Hiller
Schwerpunktpraxis für Ernährungstherapie bei Magen-Darm-Erkrankungen und Nahrungsmittel-Allergien im SESANO Therapiezentrum

SESANO | Landauer Straße 66
67343 Neustadt/W. | Tel. 06321 8990446
ernaehrung@sesano-therapie.com

Bibliografische Information der Deutschen Nationalbibliothek
Die Deutsche Nationalbibliothek verzeichnet diese Publikation in der Deutschen Nationalbibliografie; detaillierte bibliografische Daten sind im Internet über http://dnb.d-nb.de abrufbar.

Programmplanung: Uta Spieldiener
Redaktion: Anja Fleischhauer, Stuttgart
Bildredaktion: Christoph Frick

Coverfoto: Stockfood
Umschlaggestaltung:
Dominique Loenicker, Stuttgart

Fotos im Innenteil:
alle Rezeptfotos: Stefanie Bütow, Hamburg
Foodstyling: Sarah Trenkle, Hamburg
People-Fotos: Holger Münch, Stuttgart

3. vollständig aktualisierte Auflage 2016

© 2006, 2016 TRIAS
in Georg Thieme Verlag KG
Rüdigerstraße 14, 70469 Stuttgart

Printed in Germany

Satz und Repro: Ziegler und Müller, Kirchentellinsfurt
gesetzt in: APP/3B2, Version 9.1 Unicode
Druck: AZ Druck und Datentechnik GmbH, Kempten

Gedruckt auf chlorfrei gebleichtem Papier

ISBN 978-3-432-10080-7

Auch erhältlich als E-Book:
eISBN (ePUB) 978-3-432-10078-4
eISBN (PDF)   978-3-432-10079-1

Wichtiger Hinweis: Wie jede Wissenschaft ist die Medizin ständigen Entwicklungen unterworfen. Forschung und klinische Erfahrung erweitern unsere Erkenntnisse. Ganz besonders gilt das für die Behandlung und die medikamentöse Therapie. Bei allen in diesem Werk erwähnten Dosierungen oder Applikationen, bei Rezepten und Übungsanleitungen, bei Empfehlungen und Tipps dürfen Sie darauf vertrauen: Autoren, Herausgeber und Verlag haben große Sorgfalt darauf verwandt, dass diese Angabe dem Wissensstand bei Fertigstellung des Werkes entsprechen. Rezepte werden gekocht und ausprobiert. Übungen und Übungsreihen haben sich in der Praxis erfolgreich bewährt.

Eine Garantie kann jedoch nicht übernommen werden. Eine Haftung des Autors, des Verlags oder seiner Beauftragten für Personen-, Sach- oder Vermögensschäden ist ausgeschlossen.

Das Werk, einschließlich aller seiner Teile, ist urheberrechtlich geschützt. Jede Verwendung außerhalb der engen Grenzen des Urheberrechtsgesetzes ist ohne Zustimmung des Verlages unzulässig und strafbar. Das gilt insbesondere für Vervielfältigungen, Übersetzungen, Mikroverfilmungen oder die Einspeicherung und Verarbeitung in elektronischen Systemen.

Geschützte Warennamen (Warenzeichen) werden **nicht** besonders kenntlich gemacht. Aus dem Fehlen eines solchen Hinweises kann also nicht geschlossen werden, dass es sich um einen freien Warennamen handelt.

Die abgebildeten Personen haben in keiner Weise etwas mit der Krankheit zu tun.

1 2 3 4 5 6

Liebe Leserin, lieber Leser,

hat Ihnen dieses Buch weitergeholfen? Für Anregungen, Kritik, aber auch für Lob sind wir offen. So können wir in Zukunft noch besser auf Ihre Wünsche eingehen.

Schreiben Sie uns, denn Ihre Meinung zählt!

Ihr TRIAS Verlag

E-Mail-Leserservice:
kundenservice@trias-verlag.de

Adresse:
Lektorat TRIAS Verlag
Postfach 30 05 04
70445 Stuttgart
Fax: 0711-89 31-748

Lassen Sie sich inspirieren!
www.pinterest.com/triasverlag

Besuchen Sie uns auf facebook!
www.facebook.com/trias.tut.mir.gut

Backen sie doch selbst!

▸ **GLUTENFREI BACKEN, NASCHEN & GENIESSEN**

Glutenfreies Gebäck lässt sich im Handumdrehen selbst zaubern! Ob Frühstücksbrötchen, Kuchenklassiker, trendige Cake-Pops oder cremige Torten: Hier finden Sie Leckeres für jeden Anlass, das garantiert gelingt.

Muriel Frank
Backen ohne Gluten
€ 14,99 [D] / € 15,50 [A]
ISBN 978-3-8304-8259-8
Titel auch als E-Book

Bequem bestellen über
www.trias-verlag.de
versandkostenfrei
innerhalb Deutschlands

Wissen, was gut tut.

Gut beraten – gesund ernährt

▸ **25 000 NÄHRWERTE AUF EINEN BLICK**

Neben Kalorien, Fett und Fettsäuren, Kohlenhydraten, Eiweiß, Vitaminen und Mineralstoffen finden Sie hier die Energiedichte – das neue Maß beim Thema Abnehmen – für mehr als 1400 Lebensmittel.

Ursel Wahrburg
**Die große Wahrburg/Egert
Kalorien-&-Nährwerttabelle**
€ 14,99 [D] / € 15,50 [A]
ISBN 978-3-8304-8329-8
Titel auch als E-Book

Bequem bestellen über
www.trias-verlag.de
versandkostenfrei
innerhalb Deutschlands

Wissen, was gut tut.